प्रेरक वचन दादी जानकी के

प्रेरक वचन दादी जानकी के

नेविले हॉजकिंसन

प्रभात पेपरबैक्स
www.prabhatbooks.com

प्रकाशक

प्रभात पेपरबैक्स

4/19 आसफ अली रोड, नई दिल्ली-110002

फोन : 23289555 • 23289666 • 23289777 ❖ फैक्स : 23253233

इ-मेल : prabhatbooks@gmail.com ❖ वेब ठिकाना : www.prabhatbooks.com

संस्करण

प्रथम, 2016

सर्वाधिकार

सुरक्षित

अनुवाद

भविष्य कुमार सिन्हा

मूल्य

एक सौ पचास रुपए

अ.मा.पु.स. 978-93-5186-783-8

मुद्रक

आर-टेक ऑफसेट प्रिंटर्स, दिल्ली

———— ★ ————

PRERAK VACHAN DADI JANKI KE

by Neville Hodgkinson

Published by **PRABHAT PAPERBACKS**
4/19 Asaf Ali Road, New Delhi-110002
under licence from BK Publications,UK
Global Co-operation House, 65 Pound Lane, London NW10 2HH, UK
ISBN 978-93-5186-783-8

₹ 150.00

लेखकीय

यह पुस्तक सन् 1930 के दशक के मध्य में भारत में एक महिला के नेतृत्व में स्थापित किए गए 'ब्रह्माकुमारी' नामक एक आध्यात्मिक प्रशिक्षण संगठन के उपदेशों पर आधारित है। इस पुस्तक में विशेषकर दादी जानकी (वरिष्ठ बहन) के जीवन संबंधी पहलुओं और उनके विचारों का वर्णन है; दादी जानकी इस संगठन की एक संस्थापक सदस्य हैं तथा वर्तमान में इस संगठन को विश्व स्तर पर उनका नेतृत्व प्राप्त है। दादी अनेक वर्षों से ब्रिटेन में रह रही थीं, जहाँ सन् 1981 में पहली बार उनसे मेरी भेंट हुई। एक अत्यंत कुशल एवं सुसंस्कृत 'योगी' दादी ने अनेक लोगों को आध्यात्मिक विकास एवं जागरूकता को समर्पित एक जीवन अपनाने के लिए प्रेरित किया है।

यह पुस्तक आत्मा और ईश्वर से संबंधित परंपरागत ज्ञान के कुछ पहलुओं की समझ का न केवल समर्थन करती है, बल्कि उनको चुनौती भी देती है। यह पुस्तक उस वैज्ञानिक भौतिकवाद द्वारा थोपी गई सीमाओं से बहुत आगे के क्षेत्र की खोज करती है, जिसने आज की आधुनिक संस्कृति को बनाने में महती भूमिका निभाई है। तथापि इस दिशा में कदम बढ़ाने के लिए इसने एक ऐसा तरीका अपनाया है, जो हमारे जीवन के लिए बौद्धिक निहितार्थ के साथ-साथ, आत्मनिष्ठ, धार्मिक महत्त्व पर ध्यान देते हुए विज्ञान के अन्वेषित क्षेत्रों में निष्कर्षों के समीप आने का प्रयास करता है।

ब्रह्माकुमारी यूरोपियन डायरेक्टर बहन जयंती को विशेष धन्यवाद, जिन्होंने मेरी सहायता करने और मार्गदर्शन प्रदान में बड़े धैर्य का परिचय दिया, 'जीवन और मृत्यु' संबंधी विषय का सुझाव देने और निरंतर प्रोत्साहित करते रहने के लिए जूडी रोजर्स का विशेष आभार; ऐंड्रयू पॉवेल और लिज हॉजकिंसन से विषयवस्तु एवं शैली के बारे में मिले बहुमूल्य सुझावों के लिए आभार प्रकट न करना भारी

भूल होगी। मार्कस और मेरी ब्रेब्रूक भी कृतज्ञता के पात्र हैं, जिन्होंने कठिन समय के दौरान मुझे दृढ बने रहने में मेरी मदद की और मार्कस को भूमिका लिखने के लिए भी अलग से विशेष धन्यवाद तथा 'दूर के मुसाफिर' गीतों से उद्धरणों का प्रयोग करने की अनुमति के लिए जॉन रसैल का शुक्रिया एवं ग्लोबल रिट्रीट सेंटर, ऑक्सफोर्ड में सभी बंधु-बांधवों का बहुत-बहुत धन्यवाद, जिनके स्नेह एवं मैत्रीपूर्ण व्यवहार ने मेरे इस कार्य को सरल बनाया।

नेविले हॉजकिंसन ने यूके में 'दि संडे टाइम्स' व 'डेली मेल' सहित अनेक समाचार-पत्रों के पूर्णकालिक मेडिकल एवं साइंस संवाददाता के रूप में बहुत वर्षों तक काम किया। उन्होंने कुछ पुस्तकें भी लिखी हैं, जो इस प्रकार हैं—'Will to be well the Real Alternative Medicine' (Hutchinson, 1984) और 'AIDS : The Failure of Contempory Science' (Fourth Estate, 1996)। उन्होंने सन् 1981 में राजयोग का अभ्यास करना आरंभ किया और बीस वर्ष पहले अपना जीवन 'ब्रह्माकुमारी आंदोलन' को समर्पित कर देने का निर्णय लिया। वे ऑक्सफोर्ड के निकट एकांतवास केंद्र (रिट्रीट सेंटर) में रहते हैं।

भूमिका

यह एक बहुत मोहक पुस्तक है और एक बहुत ही निर्मल, सुंदर जीवात्मा के विषय में है। यह पुस्तक हमें दादी जानकी की कहानी सुनाती है, जो ब्रह्माकुमारी विश्व आध्यात्मिक विश्वविद्यालय की अध्यक्षा हैं और उनके उपदेशों से परिचित कराती है, जिन उपदेशों ने सब महाद्वीप में लोगों को प्रेरित एवं प्रोत्साहित किया है।

दादी जानकी को बहुत छोटी उम्र से ही ईश्वर को खोजने की लगन लग गई थी। 19 वर्ष की आयु में उनकी भेंट दादा लेखराज (जो बाद में ब्रह्माबाबा कहलाए) से हुई और जैसे ही उनकी आँखें मिलीं, उनको एक प्रकार के आलोक एवं प्रेम की अनुभूति हुई। वे ब्रह्माबाबा के साथियों में शामिल हो गईं, जो सन् 1950 में उत्तर भारत में माउंट आबू में आकर बस गए। 1970 के दशक के आरंभ में दादी जानकी को यूरोप जाकर संदेश फैलाने के लिए कहा गया, लेकिन उनके लिए यूरोप बहुत छोटी जगह थी और बाद में वर्षों तक उन्होंने विश्व भर का निरंतर भ्रमण किया है।

बहुधा यात्रा एवं भ्रमण पर रहने के बावजूद उनके अंदर गजब की शांति एवं निश्चलता है। यह उस परम आत्मा की उपस्थिति में लंबा समय बिताने का फल है, जो अपने बच्चों की खोज-खबर लेने के लिए एक माँ और एक पिता के रूप में आता है तथा उन्हें तरोताजा करने एवं उनमें नई स्फूर्ति का संचार करने के लिए उन्हें अपनी बाँहों में उठा लेता है। उनका कहना है कि गहरी योग-साधना में व्यक्ति आत्मा की मौलिक पवित्रता का ज्ञान पुनः प्राप्त कर लेता है। यह मुओ सेंट पॉल के इन शब्दों की याद दिलाता है कि जैसे ही अज्ञानता का परदा हटता है, हमें ईश्वर की भव्यता के दर्शन होते हैं, हम उसी विशद रूप में परिवर्तित हो जाते हैं—महिमा में, महिमा में। (2 Corinthians 3, 18)

दादी यह मानती हैं कि जो सुख, जो प्रसन्नता सर्वोच्च सत्ता अर्थात् परमात्मा

के साथ मन साझा करने पर प्राप्त होती है, वह "केवल हमारे लिए नहीं, अपितु समस्त मानव जाति के लिए होती है और हमें सेवा का जीवन अपनाने के लिए तैयार करती है।"

ईश्वर को समर्पित जीवन और दूसरों की सेवा के लिए समर्पित जीवन से जो खुशी चमकती है, दादी के अनुसार उस खुशी का अर्थ यह होता है कि "हमारी मृत्यु सुखमय होगी। यदि हमारे हाथ सदैव देने में, अर्पण करने में प्रवृत्त रहते हैं, तो न केवल मृत्यु में, अपितु जीवन में भी हमें सुख की प्राप्ति होगी।"

जिस प्रकार दादी जानकी के जीवन को ब्रह्माबाबा ने अत्यधिक प्रभावित किया है, उसी प्रकार इस पुस्तक के लेखक नेविल्ले हॉजकिंसन को दादी जानकी के जीवन ने प्रभावित किया है। दादी के उपदेशों में हिस्सा बाँटकर वे परम आत्मा के प्रेम की अपनी ही बढ़ती हुई अनुभूति का सामना कर रहे हैं। अत: यह पुस्तक अंतत: दादी से इतना सरोकार नहीं रखती है, जितना सरोकार हमसे और "ईश्वर की बहुत प्रिय संतान के रूप में हमारी मूल प्रकृति को पुन: खोज निकालने हेतु हमारे लिए ईश्वर की लालसा" से रखती है।

यह एक संदेश है, जो मेरे ईसाई होने के बावजूद मेरे साथ गूँजता है। यद्यपि मैं दर्शन संबंधी इस समस्त मूल पद्धति में हिस्सेदार नहीं हूँ। रूमी ने कहा था, "प्रेम का धर्म सभी धर्मों का संदेश है।" मैं प्रार्थना करता हूँ कि इस पुस्तक की मदद से बहुत सारे लोग अपना दिव्य सौंदर्य पुन: खोजने में सफल होंगे और इससे प्राप्त ज्ञान को बाँटकर अँधेरी दुनिया में प्रकाश ला सकेंगे।

—मार्कस ब्रेब्रुक

(प्रेसीडेंट ऑफ दि वर्ल्ड कांग्रेस ऑफ फेथ्स)

प्रस्तावना

विश्वयुद्ध के पश्चात् की अवधि के दौरान मैंने वयस्कता की ओर कदम बढ़ाते हुए महसूस किया कि विज्ञान की भूमिका न केवल शांति बनाए रखने की दृष्टि से महत्त्वपूर्ण है, बल्कि भौतिक जगत् के बारे में हमारे ज्ञान और हमारी जानकारी के स्तर को सुधारने की दृष्टि से भी महत्त्वपूर्ण है। मेरी पीढ़ी इस विषय में बहुत जागरूक थी कि धार्मिक और तथाकथित धार्मिक सिद्धांत एवं अंधविश्वास किस हद तक मानव-मन को विकृत कर सकते हैं तथा ऐसी-ऐसी क्रूरताओं को जन्म दे सकते हैं, जिनकी कल्पना भी नहीं की जा सकती। भौतिकतावादी वैज्ञानिक उदाहरण, जिनका फोकस वास्तविकता, उपयुक्तता और पुनरावृत्ति योग्य निपुणता पर रहता था, ऐसी त्रासदियों से बचने के उपाय सुझा सकते थे।

एक समाचार-पत्र संवाददाता के रूप में कार्य करते हुए मैंने विज्ञान और चिकित्सा-शास्त्र के बारे में लिखने में जो विशेष दक्षता हासिल की, उसके पीछे कुछ हद तक एक कारण यह हो सकता है कि वैज्ञानिक पद्धति मुझे अधिक विश्वसनीय प्रतीत होती थी और धार्मिक कट्टरता एवं हठधर्मी के प्रति मेरे मन में नफरत थी।

तथापि जब मैं अपनी आजीविका के मध्य में पहुँच चुका था, मुझे एक ऐसा काल्पनिक अनुभव हुआ, जिसके कारण मेरे जीवन और मेरी चिंतन-प्रक्रिया में एक नए चरण की शुरुआत हुई। मैंने एक तपस्वी पथ अपना लिया, जिसे राजयोग कहा जाता है और जिसकी अपेक्षा यह होती है कि आप अपनी विद्यमान मानसिक दशा तथा अनुभूतियों से 'शोर' को शांत करें, क्योंकि तभी आप मस्तिष्क के परे के ज्ञान के एक क्षेत्र से प्रेम एवं विद्वत्ता के अनुभव को मन में स्थान दे सकते हैं। दादी जानकी—यह पुस्तक जिनके जीवन और चिंतन को प्रस्तुत करती है, 30 वर्षों से अधिक समय से इस पथ पर मेरी मार्गदर्शक बनी हुई हैं और उनके साथ-

साथ 'ब्रह्माकुमारी विश्व आध्यात्मिक विश्वविद्यालय' के अन्य शिक्षक भी मुझे मार्गदर्शन प्रदान कर रहे हैं।

राजयोग के अभ्यास से मुझे तत्काल बहुत आनंद प्राप्त हुआ और मेरी कार्य क्षमता में बहुत सुधार हुआ, जिससे कि मैं समाचार-पत्र संबंधी कार्य में रोजाना पेश आनेवाले उतार-चढ़ाव एवं कठिनाइयों को धैर्य तथा शक्ति से पार कर सका।

तथापि इससे आंतरिक द्वंद्व भी उत्पन्न हुआ। इसमें एक ऐसे आध्यात्मिक प्रतिमान के साथ काम करना शामिल था, जो उस भौतिकवादी विश्वदर्शन में ठीक नहीं बैठता था, जिसमें मैं पहले रहा करता था।

आज मैं अपने-आपको इस अर्थ में सौभाग्यशाली समझता हूँ कि मैं वास्तविकता की एक भिन्न कहानी को आत्मसात् करने में सक्षम हो सका। एक ऐसी वास्तविकता, जिसने मुझे न केवल उस खुशी को प्राप्त करने के योग्य बनाया, जो खुशी पहले मेरी पहुँच के बाहर थी, बल्कि जो संसार के काम करने के तरीके का एक अधिक पूर्ण चित्र प्रस्तुत करने में विज्ञान के लिए भी मददगार साबित हो सकती है।

वैज्ञानिक भौतिकवाद की सीमाएँ

उदाहरण अथवा प्रतिमान महत्त्वपूर्ण होते हैं। यह शब्द प्राचीन यूनानी भाषा से आया है, जिसका मतलब है '...से भिन्न दिखाया गया।' कोई उदाहरण एक मानसिक मानचित्र या ढाँचा होता है, जो यह समझाने में हमारी सहायता करता है कि प्रयोगशाला में अथवा हमारे जीवन में क्या कुछ हो रहा है, परिणामतः हमारे क्रियाकलापों को रास्ता दिखाता है।

मानसिक मानचित्र के रूप में वैज्ञानिक भौतिकवाद की उपलब्धियाँ हमारे चारों तरफ मौजूद हैं, जो भौतिक प्रक्रियाओं की विस्तृत समझ-बूझ और प्रौद्योगिकी संबंधी उन्नति के रूप में प्रायः अपेक्षाकृत बड़ी भौतिक शक्ति को बाँधकर रखती हैं।

तथापि उदाहरण अथवा प्रतिमान की सीमाएँ बराबर बढ़ते हुए स्पष्ट हो गई हैं। वर्तमान वैज्ञानिक सिद्धांत एवं पद्धतियाँ न तो जीवन और न चेतनता के उदय को स्पष्ट करने में सफल हो सकती हैं, न ही वे पदार्थ और मन की गुँथी हुई प्रकृति को स्वीकार करती हैं, जिसकी ओर भौतिक विज्ञान की एक शाखा 'क्वांटम मैकेनिक्स' और दैनिक अनुभव भी संकेत करते हैं तथा जिसमें हमारे विचारों का हमारी शारीरिक क्रिया पर एक तात्कालिक और दूरगामी प्रभाव पड़ सकता है।

किंतु विरोधाभास यह है कि वैज्ञानिक भौतिकवाद का बाहरी वास्तविकताओं पर फोकस उस वास्तविकता को कमजोर कर सकता है, जिस पर यह बहुत गर्व करता है। वे शोधकर्ता जो अपने आंतरिक जगत् की उपेक्षा करते हैं, इस बात से अनभिज्ञ एवं अनजान रह जाते हैं कि उनकी मानसिक तथा भावनात्मक आवश्यकताएँ उनके अनुवीक्षण को कितना अधिक प्रभावित कर रही हैं।

शायद यह बात और भी अधिक हानिकारक हो, जब हमारा मानसिक मानचित्र हमें बतलाता है कि हम एक भौतिक जगत् में जीवित रहने के लिए संघर्ष कर रहे पदार्थ का अलग-थलग पड़े ढेले या पिंड मात्र हैं, जो यह हमें इस ग्रह, इसके तत्त्वों और हमारे शरीर तथा एक-दूसरे पर पड़नेवाले हमारे कार्यों के परिणामों के बारे में भुलक्कड़ बना देता है।

वास्तविकता की एक नई कहानी

मेरे मन में जो भिन्न धारणा उपजी है, उसके अनुसार हमारे अस्तित्व की जड़ें स्थान और समय के बाहर एक अभौतिक क्षेत्र के अंदर पड़ी रहती हैं। हममें से प्रत्येक एक चिरंतन आत्मा है और प्रत्येक आत्मा के पास हमारी मूलभूत प्रकृति के रूप में गहनतम कल्पनीय, अवर्णनीय रूप से सुंदर शांति होती है।

इसके अलावा यह शांति सदैव उपलब्ध रहती है, बशर्ते कि हम बोध के उन कपाटों को खुला रखें, जो हमें इस शांति का अनुभव करने देते हैं। शरीर का खिंचाव और शरीर से संबद्ध आभ्यासिक विचार-शैली हमें भुला देती है।

शांति के साथ प्रेम है और परम आनंद है। ये गुण और अनुभव मानव आत्मा में अंतर्निहित होते हैं। हम बेचैन एवं दुःखी हो जाते हैं और असंतुष्ट महसूस करते हैं, जब जीवन और उसकी जटिलताएँ हमारी इंद्रियातीत सत्ता के सौंदर्य के अनुभव तथा अभिव्यक्ति को रोकती हैं, बाधा उत्पन्न करती हैं।

सुंदरता हमारी प्रमुख वास्तविकता है। आत्माओं या चेतना की अलग-अलग इकाइयों के रूप में हम शरीर से भिन्न हैं, यद्यपि हम समय एवं अंतराल के जगत् को मस्तिष्क एवं अनुभूतियों से होकर पार करते हैं।

हम जो भी हैं, शरीर उसका सार नहीं है। इसके साथ हमारे संबंधों की जटिलताओं ने हमें इससे जोड़ा हुआ है, लेकिन यह एक भूल है। एक कार और उसके चालक की समरूपता अधिक स्पष्ट तसवीर प्रस्तुत करती है। कंप्यूटर नियंत्रित सेंसरों, नेविगेशन सहायक उपकरणों इत्यादि से युक्त आधुनिक कारें भले ही कितनी भी होशियार क्यों न हों, फिर भी वे हमारे समान नहीं हैं। हमारी देह के साथ भी

ऐसा ही हैं। जब आत्मा छोड़ जाती है, यह देह बहुत शीघ्र अपने संघटक रसायनों में घुल जाती है।

अद्वैतवादी दृष्टिकोण

वैज्ञानिक और दार्शनिक दोनों ही आत्मा और शरीर के 'द्वैतवादी' सिद्धांत, 'यंत्र में प्रेत' होने की धारणा को सामान्यत: स्वीकार नहीं करते हैं। बहुत समय से उनका तर्क यही रहा है कि कोई माने या न माने, हमारी दुनिया और इसके निवासी, सभी अंतत: मशीन समान हैं।

किंतु अब भौतिकी और जीव-विज्ञान के अन्वेषित क्षेत्र में कुछ पहुँचे हुए विद्वान् तथ्यात्मक स्थिति का एक ऐसा मानचित्र तैयार कर रहे हैं, जो दर्शन-संबंधी द्वैतवाद से दूर रहने के साथ-साथ यह समझने में हमारी मदद करता है कि 'आत्मा' की जीवंत ऊर्जा किस प्रकार वास्तविकता में केंद्रस्थ हो सकती है।

यह दृष्टिकोण इस धारणा का पक्षधर है कि प्रकृति में हम जिसे पदार्थ कहते हैं, वह वास्तव में उस चीज का प्रक्षेपण है, जो आत्मा के अंदर पड़ी हुई है। प्रत्येक भौतिक वस्तु, चाहे कोई कण हो, पुष्प हो, मानव देह हो या ब्रह्मांड ही क्यों न हो, वास्तविकता के एक सूक्ष्म स्तर के साथ निरंतर व्यवहार द्वारा अपना रूप ग्रहण करती है। यह ऐसा है, मानो छिपे हुए, सूचनात्मक कार्यक्रम जीवन की रंगशाला के विभिन्न पहलुओं का संचालन कर रहे हों। ये सब भिन्न कर अस्तित्व का पूरा नाटक तैयार करते हैं।

ऐसा माना जाता है कि कार्य-योजनाएँ अत्यधिक परिष्कृत तरंग रूपी आकृतियों के अंदर प्रतिबिंबित होती हैं, जो निरंतर विकसित हो रहे क्षेत्रों में विद्यमान रहती हैं। ये क्षेत्र उस जानकारी अथवा सूचना को वहन करते हैं, जो यह निर्धारित करती है कि भौतिक स्तर पर क्या होता है। वे परंपरागत तथाकथित पुरातन भौतिक शास्त्र के सापेक्षत: साधारण क्रिया और प्रतिक्रिया संबंधी वर्णनों की तुलना में कहीं अधिक भौतिक वास्तविकता का निर्माण करते हैं।

सूचना की अवधारणा इस नए प्रतिमान के केंद्र में रहती है, लेकिन अर्थपूर्ण होने के लिए सूचना को दो चीजों की जरूरत होती है—एक तो कोई स्रोत होना चाहिए और दूसरे, सूचित करने के लिए कुछ होना चाहिए। हम इन सूक्ष्म सूचनात्मक क्षेत्रों के आत्मा अथवा प्राण और भौतिक जगत् के बीच एक सेतु के रूप में देख सकते हैं, जिसे सूचना आकार देती है।

सबकुछ अंतर्संबद्ध है

यह नई विचार शैली, जिसे कभी-कभी चेतना आधारित प्रतिमान या भौतिकवाद-इतर विज्ञान कहा जाता है, धार्मिक समझ-बूझ को वापस विज्ञान के क्षेत्र में लाने के लिए कटिबद्ध प्रतीत होती है। जीव-विज्ञान और तंत्रिका-विज्ञान समेत कई विशिष्ट विषयों में चेतना और पदार्थ के पारस्परिक क्रिया संबंधी अध्ययन केंद्र-स्थल अर्थात् धुरी की तरफ बढ़ रहे हैं।

नए प्रतिमान में हर चीज एक-दूसरे से जुड़ी हुई है। उदाहरण के लिए, भिन्न-भिन्न रंगों की गुणवत्ता के बारे में हम सबकी एक सामान्य समझ-बूझ अथवा 'अनुभूति' होती है, जो हम आपस में साझा करते हैं, क्योंकि रंगों की विभिन्न वेवलैंग्थ विशेषताओं, हमें उनकी अलग-अलग पहचान करने योग्य बनानेवाले सेंसरी उपकरण और चेतना 'मैं' जो देखता है, के बीच एक गहरा संबंध होता है।

जैसा कि इंगित किया जा चुका है, कुछ भौतिक-विज्ञानियों ने तर्क प्रस्तुत किए हैं कि तत्त्व भी किसी स्तर पर मन-समान होते हैं, इस अर्थ में कि वे सूक्ष्म जानकारी को रोककर भी रख सकते हैं और उसका उत्तर भी दे सकते हैं। बरबेक कॉलेज यूनिवर्सिटी ऑफ लंदन में सैद्धांतिक भौतिक के भूतपूर्व प्रोफेसर स्व. डेविड बोहम इस चिंतन-प्रक्रिया के पथप्रदर्शक थे।

कार और उसके चालक की समानता अथवा तुल्यता पर पुनः विचार करते हुए हम पाते हैं कि यह शरीर अपनी सभी ज्ञानेंद्रियों के साथ, मानो चैतन्य सत्ता, आत्मा के लिए ही बना है, जो इसे चलानेवाला है। शरीर के कुछ अंग (जैसे कि दो बाँहें और दो पैर) 'प्रकृति की आत्मा' द्वारा मानवों के दिए गए मानक उपकरण हैं, लेकिन हमारी व्यक्तिगत आनुवंशिक विरासत पूर्ण विवरण सहित तैयार वस्तु, डीएनए, वह अणु, जिससे जींस बनते हैं और जिसे कभी 'जीवन का रहस्य' माना जाता था, में भारी परिवर्तन ला देती है और अब नई धारणा के अनुसार, ऐसा प्रतीत होता है कि यह डीएनए 'जीवन का रहस्य' न रहकर मात्र एक बारकोड बनकर रह गया है, जो किसी अधिक गहरे स्तर से प्राप्त सूचनानुसार हमारे शरीर की कोशिकाओं को काम करने देता है, मरम्मत करने देता है और नवीकरण करने देता है।

इसके अलावा वैज्ञानिकों ने अब यह सिद्ध कर दिखाया है कि हम मस्तिष्क और शरीर का जिस प्रकार उपयोग करते हैं, उसके अनुसार मस्तिष्क तथा शरीर में निरंतर परिवर्तन होता रहता है। शारीरिक भिन्नता की अनेकानेक बारीकियाँ अंततः प्रत्येक आत्मा की अद्वितीयता एवं अनूठेपन तथा प्रत्येक आत्मा की भूमिका को

व्यक्त करती हैं, अतः इसमें कोई आश्चर्य की बात नहीं है कि हमारी पहचान, हमारी समरूपता हमारे शरीर के अधिक निकट महसूस करती है, न कि उस कार के, जो हम चलाते हैं।

प्रेम की शक्ति

जैसा कि हम जानते हैं, मस्तिष्क की अलग-अलग कोशिकाएँ (न्यूरॉन/ स्नायु-कोशिकाएँ) भी अपने ढाँचे और अपनी संबद्धता को बदलती रहती हैं। सोच-विचार ज्ञानार्जन और कार्य करने से भी कोशिकाओं के अंदर जींस की सक्रियता में परिवर्तन होता है, जो मस्तिष्क को एक मूलभूत स्तर के ढलने योग्य बनाता है।

यह सिद्धांत न केवल नई दक्षताओं को विकसित करने, जैसे कि कोई भाषा सीखना या पियानो बजाना, सीखना के संबंध में काम करता है, बल्कि हमारे चरित्र के घटकों का विकास करने में भी काम करता है, जैसे कि हमारी अभ्यासजनित मानसिकता। जीवन के प्रति सकारात्मक दृष्टिकोण रखनेवाले लोग ऐसी मानसिकता से जुड़े मस्तिष्क के एक विशिष्ट क्षेत्र के अंदर औसत से अधिक सक्रियता एवं संबद्धता दिखलाते हैं। इसी प्रकार जो लोग आदतन भ्रष्ट होते हैं या हिम्मत हार चुके होते हैं, वे एक समांतर मस्तिष्क क्षेत्र के अंदर अधिक सक्रियता दरशाते हैं। सिर्फ कुछ ही सप्ताह का ध्यान-योग-अभ्यास अधम मनोबल से संबद्ध मस्तिष्क कोशिकाओं की सक्रियता को अवनत कर सकता है और 'प्रसन्नता' की स्नायु-कोशिकाओं का स्तर उन्नत कर सकता है।

चिरस्थायी परिवर्तन के लिए दृढता, गहन ध्यान की आवश्यकता होती है। इसे दोनों प्रकार की शक्तियों से प्रोत्साहन मिलता है, एक तो वे शक्तियाँ, जो पुरानी परिपाटियों और संबंधों को रोकने या नष्ट करने का काम करती हैं और दूसरी वे शक्तियाँ, जो नए तरीकों एवं नए संबंधों को बढ़ावा देती हैं।

ऐसा प्रतीत होता है कि प्रेम दोनों काम कर सकता है। वैज्ञानिक हमें बताते हैं कि जब हम प्रेम में पड़ जाते हैं या माता-पिता बन जाते हैं, मस्तिष्क का व्यापक स्तर पर पुनर्गठन होता है। लाखों-करोड़ों पुराने तांत्रिकीय नेटवर्क नष्ट हो जाते हैं और उनकी जगह नए नेटवर्क निर्मित हो जाते हैं।

नॉरमन डोइजे, न्यूयॉर्क निवासी एक मनोचिकित्सक, जिनकी सन् 2007 में प्रकाशित पुस्तक 'The Brain that Changes Itself' मस्तिष्क अनुसंधान के क्षेत्र में कई दशकों के कार्य की समीक्षा प्रस्तुत करती है, यह पिछले लगावों, आसक्तियों

को खोने की पीड़ा को कम करती है। यह दो लोगों को एक-दूसरे के अनुसार ढलने और एक-दूसरे के इरादों तथा बोध-क्षमता को शक्ल देने में सहायक सिद्ध होती है। यह हमें हमारी अपनी छवि को बदलने की छूट देती है, "बेहतरी के लिए, यदि हमारा कोई बहुत प्यारा जोड़ीदार है तो।" तथापि उनका यह भी कहना है कि प्रेमरोग लग जाने के साथ जो बढ़ी हुई तांत्रिकीय-सुनम्यता आती है, ऐसे अवसरों पर वही हमारी अतिरिक्त अथवा वर्धित संवेदनशीलता को स्पष्ट करने में मददगार बनती है।

चेतना आधारित उदाहरण के प्रकाश में हम समझ सकते हैं कि मस्तिष्क स्वयं नहीं बदलता है। आत्मा जिस प्रकार मस्तिष्क का प्रयोग करती है या दूसरे लोगों अथवा परिस्थितियों को उसका प्रयोग करने देती है, मस्तिष्क उसके अनुसार बदलता है।

दादी जानकी ने अपना जीवन रूपांतरण के जिस पथ को समर्पित किया है, उस पथ पर किसी दूसरे व्यक्ति में 'स्वयं को खोना' अनुचित है। यहाँ तक कि कोई प्रेममय संबंध भी, यदि उसमें गहरी आसक्ति है, निराशा में बदल सकता है तथा मन को ठेस पहुँचा सकता है, और आज की दुनिया में ऐसी स्थिति से बच पाना कठिन है। अनेक प्रणय संबंध, जिनसे सुख मिलने की बहुत उम्मीद होती है, अंत में कलह एवं दु:ख के सिवा कुछ नहीं दे पाते हैं। इस प्रकार की मन को चोट पहुँचानेवाली अनेक घटनाएँ प्रेम में विश्वास को हिलाकर रख देती हैं।

दादी जानकी का समस्त जीवन ईश्वर के प्रति प्रेम को समर्पित रहा है। राजयोगी के लिए ईश्वर एक अर्थ में 'वस्तुओं' के संसार से अधिक वास्तविक है। वह अनादि-अनंत सत्ता है, जो स्थान-समय के बाहर रहता है, फिर भी अपने अंदर उन सब बातों, घटनाओं की जानकारी रखता है, जो घटनाएँ भौतिक जगत् में हो रही होती हैं। वह प्रेम का एक महासागर भी है।

हमारे सामने चुनौती यह है कि हमें अपनी निज प्रेममय प्रकृति को पुन: पूर्णत: निखारने के लिए इस दिव्य प्रेम तथा ज्ञान के प्रति अपना मन खोलकर रखना चाहिए।

सूक्ष्म अंतर्व्यवहार

विगत समय में वैज्ञानिकों ने आत्मा के पक्ष में साक्ष्य खोजने की कोशिश में मस्तिष्क का बारीकी से निरीक्षण किया। उन्होंने लोगों का मृत्यु से पहले और उसके तत्काल बाद वजन भी तौला, ताकि उन्हें अंतर का पता चल सके। लेकिन ऐसे सभी

प्रयास निष्फल साबित हुए और अंततः यही भौतिकवादी धारणा सबसे प्रमुख रही कि हमारी समझ-बूझ और स्वयं की अनुभूति के लिए मस्तिष्क ही पूर्णतया उत्तरदायी है। तथापि यह हो सकता है कि आत्मा और शरीर के बीच पारस्परिक क्रिया अथवा अंतर्व्यवहार की सूक्ष्मता का पता लगाने के लिए हमारे द्वारा अपनाए गए उपकरण-साधन आज तक उतने परिष्कृत नहीं हो पाए हैं, जितने कि होने चाहिए।

इस अंतर्व्यवहार के कार्य करने के तरीके को समझने के लिए हम समुद्री यात्रा पर निकले एक विशाल टैंकर (तेल वाहक जहाज) का उदाहरण ले सकते हैं, जो अपनी ताकत से आगे बढ़ रहा है, क्योंकि उस में बड़े-बड़े इंजन लगे हुए हैं और ये विशालकाय इंजन इतनी अधिक शक्ति पैदा करते हैं, जो उसे पानी के बीच आगे धकेलने में बहुत सक्षम होते हैं। मान लें कि जहाज में एक ऑटो पायलट भी है, जो एक दूर के तट पर किसी नियंत्रक से रेडियो के माध्यम से हुआ है। वह नियंत्रक, ऊर्जा की लगभग अगोचर अर्थात् अत्यंत सूक्ष्म मात्रा का प्रयोग करते हुए एक साधारण संकेत से ही उस विशाल टैंकर का भाग बदल सकता है।

एक वर्तमान सिद्धांत के अनुसार, मस्तिष्क कोशिकाओं के अंदर बहुत ही बारीक किस्म की बनावटें (संरचनाएँ), जिन्हें अति सूक्ष्म नलिकाएँ कहा जाता है, ऐसा ही कार्य कर रही हो सकती हैं। हो सकता है, वे भी इस भौतिक जगत् के परे किसी क्षेत्र से सूक्ष्म संकेतों को पकड़ने तथा उन संकेतों का उत्तर देने की क्षमता रखती हों। जब हम सपना देख रहे होते हैं, समय और स्थान की सामान्य सीमाओं के परे जाकर हमारे मानस-पटल पर जब अनवरत रूप से एक के बाद एक दृश्य घुमड़ रहे होते हैं, उस दौरान हो सकता है, हमें इस क्षेत्र की वास्तविकता के बारे में सुराग मिल रहे हों।

निदान की दृष्टि से जिन लोगों को 'मृत' घोषित कर दिया गया और कुछ ही समय बाद जो पुनः जीवित हो उठे, वे प्रायः ऐसे अनुभवों का बखान करते हैं कि वे शरीर से निकलकर किसी ऐसे मानसिक क्षेत्र में चले गए, जहाँ उन्हें पता है, वे अभी भी मौजूद हैं, लेकिन अब सकल भौतिक लोक की सीमाओं के अधीन नहीं हैं। इन मृत्यु-सन्निकट अनुभवों के क्रमबद्ध, वैज्ञानिक अध्ययन से चेतनता आधारित उदाहरण को और भी अधिक स्वतंत्र समर्थन प्राप्त हुआ है। हॉलैंड के हृदय-रोग विशेषज्ञ पिन वैन लॉमेल ने अपनी पुस्तक 'Conteioulness Beyond Life the Science of the Near-Death Experience' (Harper Collins, 2010) में इस शोध-कार्य के बारे में बहुत ही सुंदर वर्णन किया है, जिसे इस नए उदाहरण के संदर्भ में देखा जा सकता है।

मृत्यु के साथ जीवन बदल देनेवाली भिड़ंत

मृत्यु-सन्निकट अनुभव से गुजर चुके बहुत से लोग बतलाते हैं कि शरीर में होने के ज्ञान से दूर और दूर जाते हुए उन्हें ऐसा महसूस हुआ, जैसे कि वे चेतना के विभिन्न स्तरों से होकर गुजर रहे हों। शुरू-शुरू में वे स्वयं के शरीर पर दृष्टिपात करते हुए और डॉक्टरों को उसके चारों ओर काम में व्यस्त पा सकते हैं तथा फिर अचानक वे हैरान हो जाते हैं कि यह तो उनका अपना शरीर है। फिर कुछ लोगों को यह अनुभव ऐसा प्रतीत होता है, जैसे कि वे जीवन का पुनरावलोकन कर रहे हों, जिसमें वे अभी-अभी जिए हुए जीवन से उठाए गए दृश्यों को देखते हैं, विशेषकर वे दृश्य, जिनमें वे दूसरों को दी गई उन चोटों का साहसपूर्वक सामना करते हैं, जिनको पहले उन्होंने स्वीकार नहीं किया था।

तत्पश्चात् प्राय: ऐसा अनुभव होता है, मानो किसी सुरंग से निकलकर निर्मल मन या दिव्य आलोक के क्षेत्र में प्रवेश कर रहे हों। देवदूत-सदृश आकृतियाँ और कभी-कभी बहुत समय पहले मृत्यु को प्राप्त नाते-रिश्तेदार आवभगत करते दिखाई देते हैं। संवाद-संप्रेषण ध्वनि के माध्यम से होने की बजाय दूरबोधी (टेलीपैथिक) अधिक होता है। अलग-अलग व्यक्ति बताते हैं कि उन्हें सिर्फ किसी व्यक्ति के बारे में सोचना होता है, ताकि वे स्वयं को उनसे जुड़ा पा सकें। अतीत के दृश्यों के साथ-साथ कभी-कभी भविष्य की झलक भी मिल जाती है।

इन उच्चतर क्षेत्रों में सर्वत्र प्रेम, शांति और आनंद छाया रहता है, इतना कि प्राय: शरीर की ओर लौटने की इच्छा नहीं होती, सामान्यत: इस भावना के वशीभूत होकर कि भौतिक जगत् में काम अधूरा पड़ा है। इस अनुभव से गुजर चुके लोगों में दूसरों को उस महिमा के दर्शन उन्होंने पाए हैं और वे यह भी बताना चाहते हैं कि मृत्यु ही अंत नहीं है।

वर्षों के अध्ययन से यह बात निकलकर आई है कि मृत्यु को निकट से देखने का अनुभव ऐसे व्यक्ति के उत्तरवर्ती जीवन के तौर-तरीके में बहुत अधिक परिवर्तन ला देता है। वे पिछले सांसारिक लक्ष्यों एवं अभिलाषाओं का त्याग कर सकते हैं और उनकी बजाय वे एक ऐसा जीवन जीने का तरीका अपना सकते हैं, जो उनके द्वारा भौतिक जगत् के बाहर अनुभव किए गए प्रेम एवं शांति को बाँटने के अधिक अनुकूल हो।

भौतिकवादी उदाहरण अथवा प्रतिमान के अनुसार अधिकतर डॉक्टर और वैज्ञानिक मन को मस्तिष्क की जटिलता के एक उत्पाद के रूप में देखते हैं। उसके फलस्वरूप वे ऐसे वृत्तांतों को विश्वास करने योग्य नहीं मानते, उनके विचार में ये

कल्पनाप्रसूत गल्प होते हैं, जिन्हें मृत्यु की प्रक्रिया को आसान बनाने के लिए मस्तिष्क की उपज कहा जा सकता है।

यदि यह पाया जाता है कि मृत्यु और निकट-मृत्यु के चारों ओर घेरा डाले चेतनता की परिवर्तित अवस्थाओं में मस्तिष्क भी अंतर्ग्रस्त है, तो यह कोई हैरानी की बात नहीं होगी।

तथापि इस असाधारण घटना में अधिकाधिक शोधकर्ताओं के निष्कर्ष तथा वैज्ञानिकों एवं मृत्यु का निकट से स्वयं अनुभव प्राप्त कर चुके अन्य लोगों के वृत्तांतों का प्रकाशन इस धारणा का समर्थन करता है कि हम सजग एजेंट हैं, जो मस्तिष्क और शरीर से स्वतंत्र रहते हैं।

गैर-मशीनी वास्तविकता

कई दशक पहले ब्रितानवी भौतिक-विज्ञानी, खगोलवेत्ता तथा गणितज्ञ सर जेम्स जींस ने भविष्यवाणी की थी कि ज्ञान की धारा एक गैर-मशीनी वास्तविकता की ओर बढ़ रही है। सृष्टि किसी बड़ी मशीन की अपेक्षा एक बड़े विचार जैसी अधिक प्रतीत होने लगी है। उन्होंने लिखा कि मन और पदार्थ, यदि समान प्रकृति के सिद्ध नहीं होते हैं, तब भी कम-से-कम इतना तो निश्चित है कि वे एक ही व्यवस्था के अंश हैं।

वे एकल आत्मा की अवधारणा का पूर्णामानुमान लगाते हुए भी लिखते हैं, "यह बात ठीक हो सकती है कि प्रत्येक वैयक्तिक चेतनता की तुलना सर्वव्यापी मन में किसी मस्तिष्क-कोशिका से की जानी चाहिए।"

आज जबकि समाज सामान्यत: धर्म के प्रति सहिष्णु प्रतीत होता है, बशर्ते कि वह धर्म स्वयं को सामाजिक सामंजस्य तथा उच्चतर मूल्यों को बढ़ावा देने तक सीमित रखता हो, दूसरी ओर अभी भी बहुत लोग भौतिकवाद को चुनौती देनेवाले ऐसे किसी भी विचार या असाधारण घटना को 'जादुई विचार-शैली' का नाम देकर हेय दृष्टि से देखते हैं। वे डरते हैं कि यह किसी आदिकालीन, असभ्य अतीत की खतरनाक वापसी का संकेत हो सकता है।

फिर भी एक अमरीकी सैद्धांतिक भौतिक-विज्ञानी स्व. जॉन व्हीलर के अनुसार, "कतार के अंत में शीशे की किसी दीवार के पीछे 'सृष्टि के चमकते केंद्रीय रचना-तंत्र' जैसी दिखनेवाली कोई चीज शायद न हो। जो बहुमूल्य निधि प्रतीक्षा में है, उसे मशीनरी नहीं, बल्कि जादू कहना बेहतर होगा।"

अन्य विधाओं से संबंध रखनेवाले विद्वान् भी विज्ञान की कुछ मौलिक

धारणाओं को चुनौती दे रहे हैं। एक लब्धप्रतिष्ठ दार्शनिक, टॉमस नैर्गल ने वास्तविक बुद्धि के लिए खोज के महत्त्व को स्वीकार करते हुए भी भौतिकवादी सिद्धांत का प्रतिकार करने हेतु 'एक बड़े संकल्पना आधारित क्रांतिकारी परिवर्तन' पर बल दिया, सन् 2012 में प्रकाशित उनकी पुस्तक 'Mind and Cosmos : why the materialist Neo-Darvinian Coneeption of Nature is Almost Centainly False' (Oxford University Press) में यह उल्लेख देखा जा सकता है।

जीना और मरना

दादी जानकी वैज्ञानिक या दार्शनिक उपदेश में नहीं उलझती हैं। उनके अनुसार, आत्मा की वास्तविकताएँ, क्षति जो हम पदार्थ के साथ अति तदात्मीकरण की वजह से भोगते हैं और जो सफलताएँ किसी दिव्य स्रोत या परम आत्मा के साथ संबंध के जरिए प्राप्त होती हैं, रात और दिन के समान स्पष्ट हैं।

यह पुस्तक बतलाती है कि दादी जानकी ने किस प्रकार आत्मज्ञान को अपने जीवन का आधार बनाया और कार्य में तथा दूसरों के संबंध में शांति, प्रेम, समझदारी तथा प्रसन्नता बनाए रखने के बारे में उन्होंने क्या सीखा। (और लगभग एक शताब्दी के अभ्यास के बाद अभी तक सीख रही हैं।)

उनका कहना है कि ऐसा जीवन पाकर, जिसमें उन्होंने अपनी श्वास, अपने विचारों, समय और शक्ति का सदुपयोग किया है, मृत्यु का उन्हें कोई भय नहीं है। आत्मा अपने साथ उस उच्चाई को लेकर जाएगी, जो परमात्मा की कृपा से उसमें वास करती है।

वैज्ञानिक लोग सिद्धांतों, विशेषकर नए सिद्धांतों को परखने में पूरी शक्ति लगा देते हैं, क्योंकि वे नहीं चाहते कि वे ऐसी किसी भी धारणाओं में विश्वास करने की मूर्खता कर बैठें, जो सच नहीं है।

हममें से अधिकतर लोग जानबूझकर और अनजाने में, विज्ञान का बहुत सम्मान करते हैं, क्योंकि विज्ञान ने हमारे आस-पास के संसार के बारे में हमारी समझ एवं जानकारी को बढ़ाने में हमारी बहुत सहायता की है।

अब समय की पुकार है कि हमने जो भौतिकवादी धारणाएँ दिल से लगाकर रखी हुई हैं, उनमें से कुछ का हमें त्याग कर देना चाहिए, ताकि हम स्वयं को अधिक अच्छी तरह समझने योग्य बना सकें।

अनुक्रम

भाग-1 : जन्म

''मन कोई भरा जाने वाला बरतन नहीं है,
बल्कि एक अग्नि है, जिसे जलाए रखना चाहिए।''

—**प्लूटार्क**

1

प्रकाश में नहाए हुए

'कौन आया, कौन आया
मेरे मन के द्वारे
पायल की झनकार लिये
*कौन आया?'**

अपने बाल्यकाल से ही दादी जानकी को यह अनुभूति होने लगी थी कि जीवन का रहस्य ईश्वर के विषय में ज्ञान प्राप्त करने से मिलेगा। उन्होंने औपचारिक शिक्षा पाई और शेष सारा समय उन्होंने हिंदू धर्मग्रंथों का अध्ययन करने तथा धार्मिक सिद्धांतों को व्यवहार में लाने के लिए धर्म को समर्पित कर दिया। उनके पिता ने उनको अनेक ऋषियों एवं संतों से मिलवाया और भारत भर में उन्हें तीर्थयात्रा पर लेकर गए।

पर कहीं भी उन्हें संतुष्टि नहीं मिली। उन्होंने अनेक प्रभावपूर्ण भक्तिमय कार्यक्रमों में हिस्सा लिया, जिनमें भक्ति-संगीत था, विशेष शारीरिक शक्तियों का प्रदर्शन था और ओजस्वी एवं चमत्कारिक व्याख्यान शामिल थे। तथापि यह किंचित् आत्मतन्मय प्रतीत होता था और कठिन भी! बच्चे ग्रहणशील होते हैं और कभी-कभी उन्हें शिक्षकों एवं गुरुओं की कथनी और एकांत में उनके व्यवहार के बीच विरोधाभास पर बड़ा आश्चर्य होता था। दादी जानकी को वह प्रेम नहीं मिला, जो

---

* प्रत्येक अध्याय के आरंभ में दादा लेखराज की प्रसिद्ध पुस्तक दूर के मुसाफिर से कुछ शब्द अनुमति के साथ प्रयोग किए गए हैं।

उनका हृदय कहता था कि ईश्वर का सत्त्व कहलाता है।

फिर 19 वर्ष की आयु में उनकी जिंदगी में एक दिन ऐसा भी आया कि जब वे अपने गृहनगर हैदराबाद (सिंध-उत्तर भारत का एक प्रांत), जो सन् 1947 के देश-विभाजन के बाद पाकिस्तान का हिस्सा बन गया, में अपने पिता के साथ सैर करते हुए उनकी भेंट दादा लेखराज से हुई, जो सिंध के एक जाने-माने जौहरी थे। वे उनको अपने आरंभिक काल से जानती थीं, लेकिन अब कुछ बदल गया था। जैसे ही वे उनकी आँखों में एकटक देखते हुए समीप आए, उनको ऐसा अनुभव हुआ, मानो वे इस भौतिक जगत् के परे, किसी अनंत विस्तार में पहुँच गई हों। यह ऐसी अनुभूति थी, जैसे कि वे अब अपने शरीर में मौजूद न हों। उनको लगा कि हर तरफ प्रकाश-ही-प्रकाश है और दिग्-दिगंत तक पवित्र प्रेम व्याप्त है। उस क्षण उन्होंने महसूस किया कि अंत में उनको वह चीज मिल गई है, जिसकी खोज वे इतने वर्षों से करती रही हैं।

कुछ ही समय पश्चात्, उन्हें इस बात का आभास हो गया कि दादा में यह परिवर्तन किन्हीं दिव्यदृष्टियों के माध्यम से आया था, जिनको उन्होंने अनुभव किया था और यह कि ये अंतर्दृष्टियाँ एक युग के साथ-साथ चलती रही हैं, जिस युग में उन्होंने अपने निज देवत्व से अवगत होने के लिए निरंतर सजग प्रयास किए थे, बार-बार स्वयं को याद दिलाते हुए कि वे एक आत्मा हैं, मस्तिष्क तथा शरीर से बिल्कुल भिन्न, एकदम अलग। यह कुछ ऐसा था, जैसे उन्होंने उस बोध के द्वार अचानक खोल दिए हों, जो अधिकतर लोगों की सामान्य चेतना को सांसारिक स्तर पर रखता है और एक उच्चतर ज्ञान या दिव्य-ज्योति उनके अंदर भर गई थी।

विश्व में अंधकार

वे दिन संसार में अंधकारपूर्ण थे। यह सन् 1930 के दशक का मध्यकाल था, ऐसे दो भयंकर युद्धों के बीच का समय, जिन युद्धों ने यूरोपियन तथा अन्य राष्ट्रों को हिलाकर रख दिया था। यह एक वैश्विक मंदी का दौर था और भारत में बहुत से लोग भीषण गरीबी में जीने के लिए विवश थे; हालाँकि सिंध का कारोबारी समुदाय उनकी तुलना में बहुत सुखी एवं संपन्न था। ब्रिटेन की सामाजिक भूमिका घोर पतन की ओर अग्रसर थी। विभिन्न धर्म, जिन्हें कभी सांप्रदायिक तथा वैयक्तिक प्रेरणा का अक्षय स्रोत माना जाता था, संस्थागत सत्ता एवं नियंत्रण का प्रयोग करने हेतु अपना-अपना स्वार्थ सिद्ध करने का वाहन बन चले थे।

हर कोई कष्ट सह रहा था, लेकिन महिलाओं को असुरक्षित पुरुषों की

दया पर जीना पड़ रहा था। भारत में लड़कियाँ कड़ी सामाजिक एवं धार्मिक प्रथाओं तथा पैतृक सत्ता के अधीन थीं। उन्हें बहुधा दूसरों की इच्छा एवं आवश्यकताओं के अनुसार विवाह करना पड़ता था, कभी-कभी तो उनका बचपन में ही ब्याह कर दिया जाता था और विवाह के पश्चात् उनका पति ही सबकुछ होता था—उनका स्वामी, उनका मालिक, उनका गुरु। उचित सत्ता का अभाव होने पर लड़कियों को तरह-तरह के अत्याचार सहने पड़ते थे और उनका जीवन दमन के चक्र में फँसकर दुःख भरा हो जाता था।

इस अंधकार में एक ऐसा प्रकाश चमका, जो आगे चलकर एक विश्वव्यापी क्रांति को जन्म देनेवाला था।

जिस प्रकार युवा जानकी दादा लेखराज में प्रकट कांति से भावविह्वल हो गई थीं, दूसरे अन्य लोगों को भी वैसा ही अनुभव हो रहा था। उनके घर में सभाएँ होती थीं, लोग खिंचे चले आते थे। सारा माहौल ऐसा होता था, जैसे एक लौ के चारों ओर पतंगे चक्कर काट रहे हों। समाज की स्त्रियाँ विशेष रूप से इन सभाओं की ओर आकृष्ट थीं और पुरुष जो काम के सिलसिले में प्रायः लंबे समय के लिए घर से दूर रहते थे, इस बात से खुश थे कि उनकी स्त्रियों की अच्छी संगति मिल रही है और जीवन को उन्नत बनाने की शिक्षा भी।

तथापि यह कोई साधारण धार्मिक सत्संग नहीं था। उनकी अंतर्दृष्टि उन्हें जो कुछ दिखा रही थी और जिसे वे ईश्वरीय स्रोत से आया महसूस करते थे, उसके प्रकाश में दादा एक मूलभूत सुधारवादी परिवर्तन की शिक्षा दे रहे थे। वे स्पष्ट रूप से समझ गए थे कि हम संक्रांति काल में प्रवेश कर रहे हैं, जिसमें हमारा संसार, जो इस समय क्लांत एवं जर्जर पड़ा है, एक नया रूप लेकर उठेगा। पहले यह मानव चेतना के स्तर पर होगा। उसके बाद ही पृथ्वी पर स्वर्ग उतर सकेगा, उस काल्पनिक उद्यान की रचना होगी, जिसमें मानवजाति एक बार फिर सार्वभौमिक शांति, प्रेम और आनंद के साथ रह सकेगी और वह नर्क नहीं रहेगा, जिसे बहुत से लोग भोग रहे हैं।

इस प्रकार की समझ-बूझ, जिसमें समय के चक्र की पुनरावृत्ति शामिल रहती है, भारतीय आध्यात्मिकता के हृदय में बसी है। फिर भी परंपरा जबकि यह मानकर चलती है कि वर्तमान युगचक्र को अभी हजारों वर्ष चलते रहना है, दादा की अंतर्दृष्टि कहती है कि पुराने युग से नए युग में प्रवेश अत्यंत निकट है। जो लोग उनसे मोहित थे, दादा ने उनको यह महसूस कराया कि समय उनको पुकार रहा है कि वे अतीत के प्रभाव का त्याग करके और स्वयं को ईश्वरीय सत्यता में निमग्न करके इस प्रक्रिया में तत्काल अपना-अपना योगदान करें।

आत्म-अतींद्रियता का आनंद

इस प्रक्रिया में ईश्वर की इच्छा के प्रति आत्मसमर्पण करना होगा, जिसमें आत्म-अतींद्रियता के आनंद में इतने आत्मविभोर हो जाएँगे कि संसार विषयक रुचियाँ और इच्छाएँ दूर हो जाएँगी। सभी पुरुष और स्त्रियाँ सभी प्रकार के स्वार्थ एवं हिंसा को त्यागकर ईश्वर की वधुएँ बन जाएँगे। तात्पर्य यह कि वे क्रोध, लोभ, आसक्ति और शारीरिक ज्ञान से संबद्ध अहं की हठी मूलाधार माँगों से परे रहेंगे। वे मुक्त आत्माएँ, देवदूत अथवा फरिश्ते बन जाएँगे, जो विश्व को आगे आनेवाली उग्र, उथल-पुथल भरी घटनाओं को पार करने का रास्ता दिखा सकेंगे।

सबसे अधिक आश्चर्यजनक पुकार, जो एक बड़ा विवाद छेड़ने का कारण बनी, यह थी कि व्यक्ति को यौन संबंधों से बचना चाहिए, विवाह हो जाने पर भी यौन संबंध नहीं बनाने चाहिए। आज भी बहुत से लोग इसे एक अप्राकृतिक एवं अवांछनीय विकल्प मानेंगे; हालाँकि विश्व के अधिकतर भागों में जीवन के भिन्न-भिन्न विकल्पों के प्रति सहिष्णुता बढ़ी है। सन् 1930 के दशक के भारत में इस पुकार ने भीषण रोष उत्पन्न किया।

जब जानकी ने इस पुकार को सुना और महसूस किया, उस समय वे नव-विवाहित थीं (हालाँकि यह विवाह उनकी अपनी इच्छा के विरुद्ध था) और जिस युवक से विवाह हुआ था, उससे कभी कोई जान-पहचान या परिचय नहीं था। सभा में जाने की उनकी ललक को देखकर और परंपरागत वैवाहिक जीवन को स्वीकार न करने से उस बेचारे पति को अपमान का घूँट पीना पड़ता था। करीब 18 माह तक उसने जानकी को घर में लगभग बंदी बनाकर रखा। वे उस समय दादा लेखराज और अनुभवहीन आध्यात्मिक बिरादरी को याद करती रहती थीं। कभी-कभी वह जानकी के साथ बहुत मार-पीट करता और उनके सिर में इतनी जोर से मारता कि सिर के बाल खून में सन जाते।

अंतत: जानकी के पिता ने महसूस किया कि जानकी का विवाह करके उन्होंने भयंकर भूल की है। उन्होंने जानकी को अपनी मदद से कराची पहुँचा दिया, जहाँ उनकी बिरादरी, हैदराबाद के आक्रोश से बचने के लिए सन् 1939 में पलायन कर गई थी। असल में थोड़े समय के लिए तो कुछ वरिष्ठ लोगों ने उन्हें विघटित करने की बहुत कोशिश की, लेकिन कोशिश कामयाब नहीं हुई और अंतत: उन्हें शांतिपूर्वक रहने दिया गया।

ब्रह्मा का जन्म

इस समय तक दादा ने वैश्विक परिवर्तन के कार्य में अपनी वैयक्तिक एवं केंद्रीय भूमिका के बारे में इतनी पक्की धारणा बना ली थी कि उन्होंने अपना नाम 'ब्रह्मा' रख लिया, जिसे पुराणों में सृष्टि का रचयिता कहा गया है। उनका अपना मत यह था कि उनके माध्यम से ईश्वर उस चेतना को फिर से जगाने की पहल कर रहा है, जो विश्व का पुनर्निर्माण करेगी।

उनके इर्द-गिर्द जो संप्रदाय काफी बड़ा हो गया था, उस संप्रदाय के लिए एक बात अत्यंत महत्त्वपूर्ण थी, उन्हें अनुभूति हो रही थी कि वे एक ऐसे अनंत प्रेम के सागर में डुबकी लगा रहे हैं, जो उनकी सारी दुर्बलताओं एवं असुरक्षाओं को मिटा देगा और वे इतने सशक्त चरित्र का विकास कर सकेंगे, जिसको पाकर वे आनेवाले नए शुद्ध, पवित्र, निर्मल संसार के योग्य हो जाएँगे।

उनके लगभग 300 भक्त एकजुट होकर सन् 1950 तक कराची में रहते रहे और उसके बाद वे माउंट आबू चले गए, जो भारत के राजस्थान प्रदेश में है। आरंभ में दादा लेखराज ने अपने कारोबार का अपना हिस्सा बेच दिया और उससे प्राप्त पूँजी उस समय उनके लिए अपने संसार में आराम से रहने के लिए पर्याप्त थी। यहाँ तक कि भारत के विभाजन के समय जो उथल-पुथल और मार-काट मची, जिसमें हजारों लोग मारे गए, उस दौर में भी वे सुरक्षित बने रहे, उनके पड़ोसी हितैषियों ने उनको संरक्षण प्रदान किया, जो उनकी आध्यात्मिक शक्ति तथा सत्यनिष्ठा से बहुत प्रभावित थे।

कुछ तो पूरे-के-पूरे परिवार उनके अनुयायी बन गए, जिन्होंने साधन जुटाने में भी काफी योगदान किया; लेकिन उन दिनों जो 300 के लगभग अनुयायी साथ-साथ रहे, उनमें से अधिकतर महिलाएँ थीं। इनमें से नौ युवा कुमारियों (अविवाहित लड़कियाँ) को न्यासी (ट्रस्टी) नियुक्त किया गया और प्रशासनिक जिम्मेदारी सौंपी गई। बाद में इनका नाम 'ब्रह्माकुमारी' पड़ गया तथा यह आंदोलन इसी नाम से जाना जाने लगा और आज तक सभी प्रमुख उत्तरदायित्वों का निर्वाह इन्हीं ब्रह्म कुमारियों द्वारा किया जा रहा है। यद्यपि अधिकतर ब्रह्म कुमारियाँ अब अपने परिवारों के साथ अपने घरों में रहती हैं। इस सिद्धांत के पीछे सबसे महत्त्वपूर्ण लक्ष्य आत्मसम्मान का विकास करने में माताओं एवं कुमारियों की मदद करना था। उन दिनों भारत में लोग स्त्रियों को पुरुषों की तुलना में बहुत कम सम्मान देते थे, उनके विचार में स्त्रियों का काम बस घर और बच्चों की देखभाल करना था।

हृदय और मन एक के साथ

ब्रह्माबाबा इतनी महान् प्रेरणा बन गए थे कि सन् 1969 में उनका निधन हो जाने के उपरांत, बहुत से लोगों ने मान लिया कि अब ब्रह्माकुमारी आंदोलन का अंत हो जाएगा, लेकिन ऐसा नहीं हुआ। यह आध्यात्मिक विश्वविद्यालय खूब फल-फूल रहा है और आज समस्त भारत एवं विश्व में हजारों शिक्षकों के द्वारा लाखों-करोड़ों लोग लाभान्वित हो रहे हैं।

दादी जानकी के अनुसार इस सफलता का कारण यह है कि संस्थापक समाज ने आरंभ के उन प्रचंड दिनों में अपने हृदय और मन को ईश्वर से जोड़ना सीखा। किसी मानव से नहीं, अपितु उस एक ऊपरवाले से। एक वही, जो मानव परिवार के विपरीत कभी अपना मार्ग नहीं खोता है। जो सदैव प्रेम एवं सच का महासागर बना रहता है। एक वही है, जो हमारे अंदर पुनः प्रेम और सच्चाई भर देता है, जब हम उससे मिलते हैं, उसको ठीक से समझ पाते हैं और उसका स्मरण करते हैं। एक वही, जो हमें हमारा भविष्य बताता है और हमें जीवित रहने का एक नया उद्‌देश्य देता है तथा मरने के सभी भय मिटा देता है। एक वही है, जो हमें नया जन्म देता है।

दादी का कहना है कि हृदय की गहराई में हर व्यक्ति जानता है कि एक समय में ईश्वर मानवजाति का बचाव करने आता है और हमें एक नई शुरुआत करने का अवसर देता है। यही कारण है कि जब हमें कोई आघात लगता है या हम पर कोई विपत्ति आती है, तो मुँह से तुरंत निकलता है—'हे भगवान्!'

यह भी सच है कि बहुत से लोग ईश्वर में आस्था या विश्वास न रखने पर भी बड़े सुख से रहते हैं। इनसानों ने ईश्वर के बारे में अनेकानेक परस्पर-विरोधी विचार बना रखे हैं और उसके नाम से न जाने कितने नृशंस कार्य किए जाते हैं। इसके अलावा, विज्ञान ने बहुत से लोगों के लिए भौतिक परिस्थितियाँ इतनी अच्छी कर दी हैं कि वे कल की चिंता किए बिना वर्तमान में जीवन का सुख उठा रहे हैं। एक अच्छी नौकरी, एक वफादार साथी, बच्चे, बच्चों के बच्चे, और क्या चाहिए खुश रहने के लिए।

वेदना का मूल

यदि हमारा व्यवहार हमारे जीवन में किसी मूल्यवान वस्तु या संपत्ति के प्रति अत्यधिक सांसारिक, आसक्तिपूर्ण हो जाता है, तो भी वे हमें सुख के साधन की बजाय बोझ अधिक प्रतीत होते हैं। यह सब हमारी इस भावना से संबंध रखता

है कि हम प्रेममय एवं दानशील बने रहना चाहते हैं या फिर लालची-लोभी प्रवृत्ति से चिपके रहना चाहते हैं। अंततः लोगों की धन-संपत्ति या सांसारिक पदवियों पर आश्रित रहने की प्रवृत्ति पीड़ा और दुःख का कारण ही बनेगी।

यदि माता या पिता किसी बच्चे की उपलब्धियों पर अनुचित प्रकार का गर्व करते हैं, तो उस बच्चे के गंभीर रूप से बीमार पड़ जाने या परीक्षाओं में अप्रत्याशित रूप से फेल हो जाने पर उनकी खुशी पूरी तरह नष्ट हो जाएगी। फिर बच्चे पर भी दबाव दो गुना हो जाता है, क्योंकि उसे न केवल अपनी नई परिस्थितियों से जूझना पड़ेगा, बल्कि माँ-बाप का दुःख भी सहन करना पड़ेगा।

इसी प्रकार जो कार्यकारी अधिकारी किसी कंपनी को अत्यंत समृद्ध बनाने एवं शिखर पर पहुँचाने में अपनी सारी शक्ति झोंक देता है, वह उस कंपनी को वित्तीय घाटे में जाते या नष्ट होते देख इस कदर निराशा में डूब जाएगा कि यदि उसने अपनी गलतियों से सबक नहीं लिया, तो वह कभी इतनी शक्ति नहीं जुटा पाएगा कि कोई दूसरा उद्यम खड़ा कर सके।

जो पति या पत्नी एक-दूसरे पर अत्यधिक आश्रित हो जाते हैं, उनकी दुनिया उस समय पूरी तरह ध्वस्त, तबाह हो जाती है, जब स्थिति तलाक तक पहुँच जाती है या दोनों में से किसी एक की मृत्यु हो जाती है।

तो क्या इससे यह समझा जाए कि हमें अपने बच्चों को प्यार नहीं करना चाहिए या अपने काम या अपने जीवन-साथी से लगाव नहीं होना चाहिए? बेशक नहीं। तथापि प्रेम मुक्त बहती धारा के समान होना चाहिए, बंधन नहीं बन जाना चाहिए और प्रेम में दूसरे से कोई अपेक्षा नहीं होनी चाहिए। आज के संसार में इस प्रकार जीने की समझ और क्षमता विरले ही नजर आती है।

यदि हम अपने शरीर पर जरूरत से ज्यादा भार डालें तो हमारा शरीर भी हमारे खिलाफ हो जाएगा। हर व्यक्ति बूढ़ा होता है और अंत में अपनी 'मानुषिक कुंडली' को छोड़कर चला जाता है, किंतु यदि हम अपनी पहचान को लेकर अपने शरीर से ही प्रबल रूप से जुड़े रहते हैं तो हमें स्वास्थ्य क्षीण होने के समय या मृत्यु के समय बहुत अधिक कष्ट होगा, यदि हमने सरलता से जीना सीखा होता तो इतना कष्ट नहीं होता।

दुःख से मुक्त रहना

दादी जानकी कहती हैं—

मैं इस ज्ञान के साथ पैदा नहीं हुई थी। मैं उन हालात से गुजर चुकी हूँ, जब

मुझे भी कष्ट सहना पड़ा है। लेकिन मैंने बहुत कुछ सीखा भी है। मेरे अंदर अनुभव का अकूत भंडार है। हमें किसी भी चीज के बारे में चिंतित होने की आवश्यकता नहीं है। आज भी मेरी यह जानने की तीव्र इच्छा है कि 99 वर्ष की होने पर भी मैं अभी तक इस शरीर क्यों में हूँ। मेरी कामना है कि मानव कुटुंब में, जितना संभव हो सके, अधिक-से-अधिक लोगों को अपनी विरासत के रूप में शांति, प्रेम, सुख और ईश्वर से शक्ति प्राप्त होनी चाहिए। ये अंतरंग और आत्मिक साधन हैं, जो हमें एक अच्छे जीवन का अनुभव करने योग्य बनाते हैं; ऐसा जीवन, जो अपने या दूसरों के प्रति नकारात्मक विचारों से मुक्त हो।

प्रसन्नता एक खजाना है। यह आत्मा का पोषण करता है और हमें जीवन में ऊर्जा एवं उत्साह प्रदान करता है। जब हम अपने बाहर इसकी खोज करते हैं, यह प्रसन्नता सदैव अल्पकालिक होती है। हमें आंतरिक सुख उत्पन्न करना सीखना होगा। ऐसा हम तभी कर पाएँगे, जब हमारे अंदर आंतरिक सच्चाई, प्रेम एवं विश्वास पर आधारित शुद्ध एवं निर्मल भावनाएँ उपजें।

सदियों तक विज्ञान ने अपना पूरा ध्यान भौतिक जगत् पर लगाए रखा और ईश्वर को धार्मिक-मना लोगों के सहारे छोड़ दिया। धर्मों ने अपनी भरपूर शक्ति से दिव्य-सत्ता को हमारे मन में जीवित बनाए रखने के लिए संघर्ष किया, किंतु यह एक हारनेवाली लड़ाई साबित हुआ है। विज्ञान ने हमें जो भौतिक लाभ मुहैया कराए हैं, उनसे मोहित होकर अनेक लोगों ने संसार के उस भौतिकवादी दृष्टिकोण को अपना लिया, जिसने आत्मा के लिए बिल्कुल भी स्थान नहीं छोड़ा।

आज विज्ञान यह स्वीकार कर रहा है कि हमारे विचार और हमारी भावनाएँ हमारे शारीरिक स्वास्थ्य एवं हमारी सुख-समृद्धि को बहुत अधिक प्रभावित करते हैं, इस हद तक कि हमारे जींस के कार्य पर भी असर पड़ता है। हमारे आस-पास की दुनिया से संबंधित जानकारी हमारी ज्ञानेंद्रियों के जरिए हमारे अंदर प्रवेश करती है, लेकिन हमारे ऊपर इसका प्रभाव हमारी समझ-बूझ और हमारे अस्तित्व की अंदरूनी दशा पर निर्भर करता है। उदाहरण के लिए, अनभिज्ञता या अवसाद में हम अपने चारों ओर घटित हो रहे घटना-क्रम के बारे में अतिसंवेदनशील एवं असुरक्षित महसूस करेंगे। संसार के कार्य करने के तरीके को समर्थन देनेवाले आध्यात्मिक सिद्धांतों के बारे में जैसे-जैसे हमारा ज्ञान बढ़ता है; हम धीरे-धीरे

अधिक संतुष्ट महसूस करने लगते हैं, वैसे-वैसे हम विपत्ति के समय को पार कर पाने के लिए अधिकाधिक समर्थ होते जाते हैं।

आज बहुत सारी जानकारी उपलब्ध है, जो हमें जीवन को अधिक आसान बनाने में हमारी सहायता कर सकती है। सकारात्मक विचार-शैली, प्रभावी संप्रेषण, जागरूकता, आक्रोश प्रबंध, भावनात्मक स्वतंत्रता संबंधी तकनीक इत्यादि जैसी कुशलताएँ अवश्य ही लाखों-करोड़ों की जिंदगी को आसान बनाने में सहायक सिद्ध होती हैं। तथापि लोग अकसर पाते हैं कि आगे चलकर इन लोगों को बनाए रखना और भी कठिन हो जाता है। नई आशा के साथ जोश एवं उत्साह की जो लहर आती है, समय बीतने पर प्राय: मंद पड़ जाती है, क्योंकि पुरानी आदतें पुन: अपना प्रभाव दिखाने लगती हैं।

दादी जानकी ने 19 वर्ष की अवस्था में अपने अंदर जिस प्रकाश एवं प्रेम का सैलाब महसूस किया, वह 80 वर्ष के बाद आज भी उनके अंदर पहले से कहीं अधिक प्रबल रूप से व्याप्त है। हम सबको दिव्य-सत्ता के इस प्रत्यक्ष, व्यावहारिक अनुभव को प्राप्त करने के लिए क्या रास्ता अपनाने की आवश्यकता है, यह पुस्तक उसी ओर संकेत करती है।

प्रत्येक अध्याय 1930 से 1950 के दशक तक के पुराने भारतीय फिल्मी गीतों की कुछ पंक्तियों से आरंभ होता है। जब दादा लेखराज आध्यात्मिक विश्वविद्यालय के संस्थापक सदस्यों के साथ उपदेशों पर चर्चा किया करते थे, उस समय इन प्रेमगीतों को मंगलाचरण के रूप में बजाया जाता था, क्योंकि ये गीत परमेश्वर के लिए आत्मा को प्रेम दरशानेवाले गीत थे। इन पंक्तियों को 'दूर के मुसाफिर' शीर्षक के अंतर्गत पुन: संकलित गीतमाला से अनुमति के साथ पुन: प्रस्तुत किया जा रहा है। इन गीतों का श्रवण करने के लिए www.doorkemusafir.com पर जाएँ।

□

2

आत्मा को जानना

'मैं अपनी जागी हुई तकदीर लेकर आया हूँ,
मैंने अपने लिए एक नई दुनिया बनाई है।'

''मैं कौन हूँ, क्या हूँ, मुझे इसका सही-सही ज्ञान हो गया है और यही वह सबसे बड़ी निधि है, जो मुझे अपने जीवन में मिली है।'' दादी जानकी कहती हैं। उसमें ईश्वर के विषय में यह स्पष्ट ज्ञान होना भी शामिल है कि ईश्वर कौन है, क्योंकि इतिहास का जो दौर इस समय चल रहा है, उस में हम ईश्वर से जोड़कर ही स्वयं को जान सकते हैं, अन्यथा नहीं।

''यही वह संबंध है, जो मुझे अनुभवातीत से जोड़े रखता है, मुझे निरंतर प्रेम एवं शक्ति से परिपूर्ण रखता है और इसके साथ ही एक मनुष्य के रूप में मुझे अपने सारे कार्य करने देता है तथा दूसरों के साथ संबंध बनाए रखने की क्षमता प्रदान करता है। सच तो यह है कि आज सेवा-निवृत्त होने के विचार से बहुत दूर, मैंने अनगिनत दूसरे लोगों से रिश्ता जोड़ा हुआ है, जिनमें न केवल वे लोग हैं, जो ब्रह्माकुमारी विश्वविद्यालय से संबद्ध हैं, बल्कि उसके बाहर की दुनिया के लोग भी हैं।''

एक सूक्ष्म बोध के जरिए ही अस्तित्व की इस अवस्था में आया जा सकता है। अंग्रेजी शब्द 'Subtle' का मूल अर्थ था, Finely woven अर्थात् 'अच्छे ढंग से बुना हुआ' और एक आत्मा होने की अनुभूति को पकड़ने के लिए एक बहुत ही अच्छे ढंग से बुने हुए मानसिक जाल की जरूरत होती है। इस अवस्था में आने के

लिए व्यक्ति को अपने शरीर और लालन-पालन एवं पढ़ाई-लिखाई जैसे कि पुरुष या स्त्री, ईसाई या यहूदी, हिंदू या मुसलमान, गरीब या अमीर, जवान या वृद्ध, चतुर या मूर्ख के रूप में अपनी पहचान से जुड़े आत्मज्ञान को त्यागकर उस पहचान का चोला पहनना होगा, जो इनमें से किसी से भी अधिक गहराई में बसती है। शारीरिक पहचान स्थूल होती है और आसानी से पकड़ में आ जाती है, लेकिन यह पहचान अल्पकालिक होती है। वास्तविकता का सूक्ष्म स्वरूप परिष्कृत तथा अधिक भ्रामक एवं पकड़ में न आनेवाला होता है, किंतु इसके साथ अपनी एक सच्चाई होती है, जो इसके अनुभव को बहुत मधुर बना देती है।

तो आत्मा क्या है? ब्रह्माकुमारी संत-समाज को इस बोध एवं अनुभव में असीम स्वतंत्रता की अनुभूति हुई कि वे मांस और हड्डी के हमारे शरीर नहीं हैं, बल्कि उनका अस्तित्व सूक्ष्म प्रकाश जैसा है। जब वे सन् 1930 और 1940 के दशक में पहली बार एक साथ आए। ब्रह्माबाबा में से आध्यात्मिक शक्ति तथा ज्ञान की ज्योति चमक रही थी और यह अनुभव उनके बीच तात्कालिक परिवर्तन के लिए एक उत्प्रेरक बन गया, इसके प्रभाव ने उन्होंने उनकी शारीरिक पहचान (या शारीरिक चेतना) से निकालकर, जिसके वे आदी हो चुके थे, ऊपर उठा दिया, ताकि वे दिव्य सत्ता से जुड़ सकें।

वे इस अनुभव से ही समझ गए कि एक आत्मा होने का अर्थ क्या होता है। उनमें एक गहरी शांति थी, इतनी गहरी कि जब ब्रह्माकुमारी बहनों से भरी एक गाड़ी उलट गई, जिसके कारण अनेक को गंभीर चोटें आई थीं, उस समय उनको बचाने आए लोगों को यह देखकर बड़ा आश्चर्य हुआ कि उन सबने इस दुर्घटना को चुपचाप स्वीकार कर लिया था। शारीरिक पीड़ा से इस प्रकार की विरक्ति इसलिए संभव थी, क्योंकि वे स्वयं को जानने के अभ्यास में शरीर की अपेक्षा किसी अधिक गहरे ज्ञान-सागर में डूबी हुई थीं।

अभिनेता और भूमिका दोनों एक-दूसरे से अलग हैं

समय बीतने के साथ-साथ उनके अंदर एक मुक्तिदायिनी बुद्धि विकसित हो गई थी और उन्हें इस बात का बोध हो गया था कि मन एवं पदार्थ यद्यपि गहरे जुड़े हुए हैं, फिर भी आत्मा हमारे अस्तित्व का चिरंतन तत्त्व है, शरीर से एकदम भिन्न, क्योंकि शरीर का अस्तित्व अल्पकालिक होता है।

उन्होंने शरीर के साथ आत्मा के संबंध को एक चालक तथा उसकी कार के समान बताया। इस प्रकार का ज्ञान विकसित करने से मस्तिष्क समेत शरीर के

साथ अतिशय-तदात्मीकरण की प्रवृत्ति का प्रतिरोध करना सरल हो जाता है; क्योंकि यह एक ऐसी प्रवृत्ति होती है, जो मानवजाति की अनेक वर्तमान कठिनाइयों का समर्थन करती है। हम कहते हैं, 'मेरी बाँहें', 'मेरी टाँगें', 'मेरा दिल', 'मेरा दिमाग' आदि-आदि, लेकिन हम जिस चीज को भी मेरा-मेरा कह रहे हैं, उसके संबंध में यह 'मैं' कौन है? यह चैतन्यकर्ता है—आत्मा।

शरीर के साथ आत्मा के संबंध को समझने के लिए एक और उपयोगी रूपक शरीर तथा एक अभिनेता तथा उसकी पोशाक का है। अभिनेता जब मंच पर कोई किरदार निभा रहा होता है तो उसकी पोशाक उस किरदार के अनुसार उस पर ठीक फबती है। यहाँ भूमिका और पोशाक का परस्पर सहज संबंध होता है। मन और पदार्थ की भाँति, वे एक-दूसरे के पूरक और भागीदार होते हैं। फिर भी वे समान या सदृश नहीं होते हैं। जब नाटक समाप्त हो जाता है, अभिनेता अपनी पोशाक उतार देता है और रंगशाला से चला जाता है।

मानव शरीर किसी अभिनेता की पोशाक से अधिक जटिल होता है, क्योंकि जब तक आत्मा शरीर में रहती है, निरंतर नवीकरण की प्रक्रिया इसे अपना स्वरूप बनाए रखने में समर्थ बनाती है। जीवन एक अत्यंत गतिशील प्रक्रिया है। तथापि जब आत्मा शरीर छोड़कर चली जाती है, तो नवीकरण रुक जाता है और स्वरूप तेजी से विघटित होने लगता है।

फिर आत्मा, वह अभिनेता दूसरी भूमिका का निर्वाह करने चला जाता है और यह सिलसिला तब तक चलता है, जब तक वह नाटक जारी रहता है, जो नाटक हम प्रस्तुत कर रहे होते हैं।

दादी कहती हैं, "क्या आप समझ सकते हैं कि यह कितना महत्त्वपूर्ण है? हमारी अपनी चिरंतनता की इस चेतना को विकसित करना—एक शरीर के अंदर रहते हुए भी। यह चिंता और भय को मिटा देती है। असल में, मैं तो यह कहूँगी कि आध्यात्मिकता का सार आत्मचेतना की इस अवस्था को बनाए रखने की ओर पूर्णतया सतर्क बने रहना है। मैं इतना चाहती हूँ कि अन्य लोगों को भी इस स्वतंत्रता का अनुभव करना चाहिए।"

तीन लोक

ऐसा करने योग्य बनने की दिशा में एक महत्त्वपूर्ण कदम यह होगा कि हम यह जानने का प्रयास करें कि आत्मा कहाँ से आती है और अंततः यह लौटकर कहाँ जाएगी। इस विषय की समझ को आसान बनाने के लिए ब्रह्म कुमारियाँ इसके

एक मॉडल की शिक्षा देती हैं, जिसे 'तीन लोक' कहा जाता है।

भौतिक लोक से हम सभी परिचित हैं, जो स्थान और समय में बँधा हुआ है। प्रत्येक आत्मा या 'बीज' के अंदर जो अद्वितीय क्षमता पड़ी रहती है, उसे यह अभिव्यक्ति प्राप्त होती है, अर्थात् प्रस्फुटित होने का अवसर प्राप्त होता है। यह एक रंगशाला के समान है, जिसमें हम आत्माएँ अभिनेता हैं, जहाँ हम अपनी-अपनी भूमिका निभाते हैं। तथापि यह सांसारिक मंच हमारा घर नहीं है, जिस प्रकार रंगशाला को किसी अभिनेता का घर नहीं कहा जा सकता।

हमारा उद्गम स्थान एक कालातीत, आकारविहीन जगत् है, जो भौतिक क्षेत्र की सीमा के परे है। वस्तुतः यह किसी सिनेमा में प्रक्षेपण कक्ष के समान है। अस्तित्व की समग्र, अखंडित समूची कहानी से संबद्ध सूचना को यह अपने पास सँभाले रखता है।

भौतिक जगत् के परे इस 'आत्मलोक' में हम सब आकारविहीन बिंदुओं के रूप में रहते हैं, एक युद्ध समर्थ, कालजयी तथा अमूर्त अवस्था में। यह हमारा अंतिम निवास है। हम यहाँ बीज की तरह बसते हैं।

भौतिक जगत् और आत्मलोक के बीच वास्तविकता का एक मध्यवर्ती पहलू होता है, जो सूक्ष्म क्षेत्र या आध्यात्मिक प्रकाश का क्षेत्र कहलाता है। हम इसकी तुलना उस रोशनी से कर सकते हैं, जो किसी सिनेमा में प्रोजेक्टर और परदे के बीच सफर करती है। फिल्म की प्रगति के बारे में सूचना अथवा जानकारी इस रोशनी के अंदर मौजूद रहती है, लेकिन सब लोग इसे देख तभी सकते हैं, जब यह परदे की पकड़ में आती है।

संपूर्ण कहानी के अंदर, प्रत्येक आत्मा की अपनी समग्र, अद्वितीय भूमिका उसके अपने भीतर ही दर्ज रहती है। वह अद्वितीयता कभी विलुप्त नहीं होती है, तब भी नहीं, जब हम घर में होते हैं, जीवन की रंगशाला से दूर।

जब हम पहली बार मंच पर आते हैं, हमारी भूमिकाएँ एक भव्य तरीके से प्रकट होती हैं, क्योंकि हम घर से अपने साथ निर्मलता लेकर आते हैं। प्रेम, शांति और आनंद मानव आत्मा में अंतर्निहित होते हैं तथा उस समय उन गुणों को हम अपने संबंधों एवं अपनी क्रियाओं के माध्यम से सहज और स्वाभाविक रूप से व्यक्त कर पाते हैं। जैसी समरसता किसी सुंदर वृंदगान में देखने को मिलती है, उसी प्रकार हम निस्स्वार्थ भाव से सद्भाव के साथ रहते हैं और हमें सदैव इस बात का पूर्ण ज्ञान रहता है कि हम मानवीय अनुभव प्राप्त आध्यात्मिक जीवधारी हैं।

धीरे-धीरे समय गुजरने पर (कुछ के लिए तो अनेक जीवनकाल निकल

जाते हैं), जागरूकता कम हो जाती है। मौलिक, वास्तविक आत्मज्ञान क्षीण हो जाता है, जैसे-जैसे शरीर की चेतनता और जिस भौतिक जगत् में हम रहते हैं, उससे लगाव अधिक मजबूत होने लगता है। अंतत: बहुत से लोग अपने दिव्य स्रोत को पूरी तरह भूल जाते हैं और केवल शरीर तथा उसकी भूमिकाओं एवं उसके साथ संबंधों को अपनी पहचान समझने लगते हैं। दैहिक चेतना में यह 'पतन' कष्ट लाता है, क्षति का बोध कराता है और उसके परिणामस्वरूप चिंता, भय एवं स्वार्थ-भावना को जन्म देता है। इसका कारण यह है, क्योंकि भौतिक स्तर पर कुछ भी स्थायी नहीं है, सबकुछ अल्पकालिक है।

यदि आप मानते हैं कि आप एक आत्मा हैं, आप बिना किसी बोझ के जी सकते हैं। आप जानते हैं कि आपको भौतिक रूप से कुछ खोना नहीं है, क्योंकि मृत्यु की एक संक्रांति ही तो है। यह मान्यता और जागरूकता राजयोग के केंद्र में होती है, राजयोग के अध्ययन एवं अभ्यास की शिक्षा ब्रह्म कुमारियों द्वारा दी जाती है।

समस्त विश्व एक रंगमंच है

आरंभ से ही संस्थापक बहनों ने इस मतैक्य के साथ काम किया कि जिस नाटक में हम अभिनेता हैं, वह नाटक पूर्व निश्चित है और सिर्फ कुछ हजार वर्ष तक चलता है। इसके अधिकार में एक समय-चक्र होता है, जो सदैव विद्यमान रहता है।

केवल यही एक नाटक है, लिखा हुआ नाटक। यद्यपि आत्माएँ भी उसमें योगदान करती हैं, जिस प्रकार यह नाटक खुलता है, किंतु हम अपनी भूमिकाएँ निभाने का जो तरीका चुनते हैं, वह चिरंतनता का उतना ही एक हिस्सा है, जितना कि कोई और पक्ष। यह ऐसा है, मानो हम जीवन की रंगशाला में सजीव अभिनय प्रस्तुत कर रहे हों, किंतु किसी गहरे स्तर पर वह प्रदर्शन अपरिवर्तित संपूर्ण का एक भाग होता है।

जैसा कि उन लोगों के किस्सों-कहानियों से संकेत मिलता है, जो निकट-मृत्यु, इस शरीर में 'मरणासन्न' होने तथा पुनर्जीवित किए जाने के अनुभव से गुजर चुके हैं, भूमिकाओं के बीच हमें उस असीमित की एक अनुभूति होती है। निकट-मृत्यु का अनुभव प्राप्त लोग बताते हैं कि उन्हें एक सा लग रहा था, जैसे वे सांसारिक से लेकर उदात्त अर्थात् परमोच्च तक, जागरूकता के भिन्न-भिन्न स्तरों से होकर जा रहे हैं। जो लोग दिमागी चोट सह चुके हैं, वे भी कभी-कभी इसी

प्रकार के अनुभव का वर्णन करते हैं, वे बताते हैं कि शरीर से निकलकर वे प्रेम एवं प्रकाश के क्षेत्र में चले गए, जहाँ आत्मा की पहचान अभी भी मौजूद है, लेकिन मन समग्र से जुड़ा महसूस करता है तथा अपनी इच्छा से जहाँ चाहे, वहाँ भ्रमण कर सकता है।

जब समय का चक्का पूरा चक्कर काट चुका होता है और नाट्क समाप्त हो जाता है, हमारी चेतना भौतिक एवं सूक्ष्म, दोनों लोक को छोड़ जाती है और हम आत्मलोक में पवित्र प्रच्छन्न शक्ति की अपनी मूल अवस्था की ओर लौट जाते हैं। तथापि नाटक चूँकि चिरंतन एवं शाश्वत है, हम सदैव मंच से दूर नहीं रहते हैं। संकेत मिलने पर सभी अभिनेता अपनी-अपनी भूमिका निभाने के लिए वापस आ जाते हैं, क्योंकि अनंतता अपने चक्रीय ढंग में स्वयं को निरंतर प्रकट करती रहती है।

राजयोग में लक्ष्य यह रखा गया है कि व्यक्ति इतना जानकार, अनुभवी और शक्तिशाली बने कि तीनों लोक के ज्ञान और प्रत्येक के लिए उपयुक्त भिन्न-भिन्न अनुभवों में टिका रह सके, उस समय भी, जब हम इन देहों के माध्यम से विश्व के मंच पर अपनी भूमिकाएँ निभाना जारी रखते हैं।

सत्य जानने की ललक

शरीर और उसकी भूमिकाओं के साथ अतिशय-तदात्मीकरण का अर्थ है सुखों के साथ समझौता करना। शरीर जैसे-जैसे ढलने लगता है या मृत्यु निकट आने लगती है, उस समय जो परिवर्तन होते हैं, वे आपके लिए बड़ा बोझ बन सकते हैं। उन नाते-रिश्तेदारों का निधन या उनको खो देने का भय, चिंता एवं दुःख का स्रोत बन जाता है, जिन्हें आप संसार में अपनी पहचान तथा अपना स्थान स्पष्ट करने की दृष्टि से महत्त्वपूर्ण समझते हैं। यही बात आपके कार्य या आपकी आजीविका के संदर्भ में भी सच हो सकती है। आज असुरक्षा तथा भय के कारण अनेक लोगों का जीवन इस प्रकार दुःखमय बना हुआ है।

लोग जो पीड़ा और खालीपन महसूस करते हैं, उस पीड़ा को कम करने तथा खालीपन को भरने के उद्देश्य से कभी-कभी स्वयं को सांसारिक उपलब्धि की असाधारण ऊँचाइयों को छूने के प्रयास में झोंक देते हैं। वे करोड़ों-अरबों डॉलर का कारोबार खड़ा कर सकते हैं या स्पोर्ट में चैंपियन के स्तर तक पहुँच सकते हैं या राजनीति या शिक्षा के क्षेत्र में ऊँचा पद प्राप्त कर सकते हैं। तथापि प्रेरणा जब आध्यात्मिक कमी के इस बोध से उत्पन्न होती है, उपलब्धियाँ भी

सामान्यत: खोखली प्रतीत होने लगती हैं और कुछ संतुष्टि नहीं दे पाती हैं। ऐसी प्रेरणा के बल पर बढ़नेवाले लोग अपने साथ-साथ, न केवल दूसरों को, बल्कि पूरे समाज को नुकसान पहुँचा सकते हैं।

दादी जानकी आजकल भ्रमण पर कम ही जाती हैं, लेकिन एक समय था, जब वे विश्व का कोई भी कोना अनछुआ नहीं छोड़ती थीं। उनका कहना है कि उन्होंने जब ऐसा किया, सत्य की ओर लौटने और दैहिक चेतना से उत्पन्न एकाकीपन की भावना से निकल भागने की एक व्यापक ललक उन्होंने अपने अंदर महसूस की।

जब कोई साध पूरी नहीं होती है तो वह अधूरी साध हमें विविध तरीकों से कमजोर बना देती है। कुछ लोग अपने वैयक्तिक संबंधों में कष्ट सहते रहते हैं, क्योंकि वे अपने साथियों, अपने साझीदारों से अवास्तविक अपेक्षाएँ रखते हैं। दूसरे लोग, एक साथ मिलकर, किन्हीं ऐसे चमत्कारी नेताओं के प्रभाव में आ सकते हैं, जो धार्मिक, राजनीतिक या आर्थिक विचारधाराओं का जोरदार प्रचार करते हुए एक बेहतर जीवन की उम्मीद जगाते हैं, किंतु अंतत: विनाशकारी साबित होते हैं। इतिहास में ऐसे अनेक उदाहरण मौजूद हैं, जिनसे ज्ञात होता है कि लोगों ने भूलवश किस प्रकार उद्देश्य एवं एकता की भावना की सीमित व्याख्या की है, दूसरों के प्रति एक नकारात्मक भावना को भड़काया है और हिंसा, बुरे व्यवहार को 'दैवी इच्छा' कहकर न्यायसंगत ठहराने का प्रयास किया है।

इसी कारण हमें बहुत स्पष्ट रूप से यह जानने की आवश्यकता है कि अलग-अलग व्यक्तियों के रूप में हम कौन हैं और हम दोबारा एक कैसे हो सकते हैं कि हमेशा के लिए इन खतरों को टाला जा सके। अतीत में हमने अकसर गलती की है, इस सीमा तक कि 'सत्य' को खोज पाने का कोई भी दावा ऐसा नहीं है, जो संशयवाद के व्यापक घेरे में न हो।

फिर भी दादी ने ब्रह्माबाबा से जो ज्ञान प्राप्त किया और उन्होंने अपने जीवन भर के अध्ययन एवं अभ्यास से जो कुछ हासिल किया, उसके आधार पर दादी भी इस धारणा में विश्वास रखती हैं कि एकमात्र ईश्वर ही इस झंझट को सुलझा सकता है और यह कि हम उस युग में जी रहे हैं, जब ईश्वर हमारे लिए इस उलझन को मिटाने का कार्य कर रहा है। ईश्वर को जानना-समझना ही इस प्रयास में सफलता की कुंजी है।

□

3

ईश्वर को जानना

'तुम्हीं इस अंधे की लाठी हो
तुम्हीं मेरे जीवन की रोशनी।'

ब्रह्मकुमारियों ने पवित्र आत्मानुभवों से शुरुआत की और ये अनुभव इतने प्रभावशाली थे कि कुछ भी एवं कोई भी उन्हें दादा लेखराज की ओर दौड़कर जाने से नहीं रोक सका और आंदोलन चल पड़ा। दादा लेखराज ने आंदोलन को बंद कर देने के लिए परिवार और समाज द्वारा डाले गए दबावों का डटकर सामना किया तथा अद्वितीय साहस का परिचय दिया। कुछ लोगों ने अपनी शक्ति तथा सत्ता को पुत्रियों तथा दब्बू बनकर रहनेवाली पत्नियों द्वारा ललकारे जाने से क्रोधित होकर उनके साथ बहुत बुरा व्यवहार किया।

तथापि लगभग 80 वर्ष बीत जाने के बाद, पीछे मुड़कर देखने से अब यह बात समझना आसान है कि कुछ भ्रांतियाँ क्योंकर शुरू हुईं?

भारत में एक प्राचीन धारणा है, कुछ धर्मग्रंथों में सँजोकर रखी गई कि मन-सदृश ऊर्जा का एक जाल भौतिक संसार को एक साथ जोड़े रखता है। इस धारणा को आधुनिक भौतिक शास्त्र के अन्वेषित क्षेत्रों में समर्थन मिल रहा है; उदाहरण के लिए, लियोनार्ड ससकाइंड (ब्लैक बे बुक्स, 2008) द्वारा लिखित पुस्तक 'The Black Hole War' का अध्याय 18 देखें। तथापि हजार वर्ष की कालावधि में इसने एक ऐसी धारणा को जन्म दिया, जिसे ब्रह्माकुमारी समुदाय एक अत्यंत गहरी भ्रामक-धारणा के रूप में देखता है। यह धारणा कहती है कि ईश्वर

सर्वत्र है, कंकड़ और पत्थर जैसी निर्जीव एवं जड़ वस्तुओं में भी मौजूद रहता है।

हैदराबाद और कराची में बिताए आरंभिक दिनों में संस्थापक बहनों को प्रवचन सभा में एकता की ऐसी मजबूत भावना महसूस हुई कि वे कहा करती थीं कि वे उनके प्रिय दादा लेखराज ईश्वर हैं। उन्हें आत्मा और परमात्मा के बीच किसी भेद का ज्ञान नहीं था अथवा यों कहें कि उन्हें इन दोनों के बीच कोई स्पष्ट अंतर नजर नहीं आता था।

उन्होंने सभा की तरफ जो खिंचाव महसूस किया, वह इतना प्रभावशाली था कि देखनेवालों के विचार में, एकमात्र संभव स्पष्टीकरण यही था कि लेखराज एक सम्मोहनकर्ता था, जो नाजुक जवान स्त्रियों तथा अकेली पत्नियों को प्रभावित करने में माहिर था। सौभाग्य से जब स्वतंत्र अधिकारीगण वहाँ अपनी आँखों से देखने के लिए आए, तो उन्होंने उन्हें एक सुधारवादी उच्च आध्यात्मिक सिद्धांतों एवं निर्मल उद्‌देश्यों के अनुसार कार्य करते हुए पाया।

उनका साथ मिलकर अध्ययन करना जैसे-जैसे आगे बढ़ा, बहनों को यह स्पष्ट हो गया कि जब कोई आत्मा शरीर और सांसारिक जीवन के खिंचाव, अर्थात् आकर्षण से पूर्णतया अलग होकर ईश्वर के प्रेम में गहरे डूब जाती है, यद्यपि उस समय ईश्वर में मिल जाने की एक सुंदर अनुभूति अवश्य हो सकती है, फिर भी ईश्वर सदैव रहता है और हम ईश्वर की संतान बने रहते हैं।

ईश्वर के प्रेम में लीन

परेशान न हो किसी बात से
न भयभीत हो किसी से,
क्षणभर की बात है
सब गुजर जाता है,
हो जाता है सब हासिल
धीरज और सहनशीलता से,
ईश्वर जिसे रखता है अपने पास
उसे कुछ कमी नहीं रहती,
ईश्वर ही पर्याप्त होता है।

—ऐविला की सेंट टेरेसा

दादी जानकी पूछती हैं—

ईश्वर से प्रेम करने के बारे में आपको बताना मैं कहाँ से शुरू करूँ? आप किसी दूसरे इनसान के लिए जो प्रेम महसूस करते हैं, उसके बारे में दूसरों को बताना बहुत कठिन है, क्योंकि 'सुंदरता देखनेवाले की दृष्टि में होती है।' ईश्वर के विषय में भी, अनगिनत धारणाएँ और मत चले आ रहे हैं।

मैंने जाना और समझा है कि ईश्वर के निकट होने के लिए हृदय का शुद्ध, निर्मल होना आवश्यक है, ऐसा हृदय जो दूसरों के प्रति मंगल कामनाओं से भरा हो और जिसमें किसी के प्रति कोई बैर-भाव न हो। तथापि हममें से अधिकतर को किसी उत्प्रेरक या प्रेरक-शक्ति की जरूरत है, जो हमें भावना में ऐसी पूर्णता तथा स्वच्छता पुन: प्राप्त करने के मार्ग पर ले जा सके। प्रेम निश्चय ही महानतम प्रेरक-शक्ति है, किंतु हमें समझदारी और दृढता भी चाहिए, ताकि हम सब प्रकार की विघ्न-बाधाओं के बावजूद उस मार्ग पर चलते रहें।

मेरी आरंभिक प्रेरणा वह आंतरिक कार्य था, जो ब्रह्माबाबा ने किया। अपनी आत्मचेतना के अभ्यास के कारण ही वे हर प्रकार के तीखे व्यंग्य बाणों, उलाहनों और भड़काऊ बातों का सामना करने के बावजूद उत्कृष्ट विचारों एवं भावनाओं को बनाए रख सके तथा मन की ऐसी स्थिरता प्राप्त कर सके कि दिव्य-शक्ति को प्रकट एवं संचारित करने में समर्थ हुए। उनकी इसी विशेषता ने हममें से अधिकतर को उनकी ओर आकृष्ट किया। हम दूसरों के लिए वही करने में समर्थ होने के लिए अपना जीवन तक देने को तैयार थे।

यही है 'तीसरे नेत्र' का खुलना, अंतरंग पहचान और ज्ञान की दृष्टि, जो हमें ईश्वर से जोड़ती है। जब हमने सदियों से चले आ रहे विचारों को ग्रहण करते हुए, भक्तिपूर्ण ढंग से ईश्वर से सचमुच प्रेम किया, तब वैयक्तिक दृष्टि से अपनी-अपनी बात रखने और पक्षपात दरशाने की बहुत गुंजाइश थी। आज विश्व को चेतनता के वैश्विक नवीकरण की आवश्यकता है और उसके लिए हमें इस संबंध में पूर्णतया स्पष्ट होना चाहिए कि हम कौन हैं, ईश्वर कौन है और अब हमारे लिए क्या करना जरूरी है?

ईश्वर समान बनना

यह धारणा सर्व मान्य है कि ईश्वर हर जगह मौजूद है। इसे भक्तिमय भावनाओं की अभिव्यक्ति के रूप में देखा जा सकता है, लेकिन यह धारणा ईश्वर से शक्ति ग्रहण करने की क्षमता को धुँधला कर देती है। यह सच है कि प्रकृति में

ऐसे गुण हैं, जो हमें ईश्वर का स्मरण करा सकते हैं। भौतिक जगत् में भी सूक्ष्म तंत्र काम करते रहते हैं, जो उन रहस्यवादियों तथा दूसरों की याद दिलाते हैं, जो उनकी अधिक गहरी वास्तविकताओं तक पहुँचने की क्षमता रखते थे। आकाश दिव्य-ऊर्जा से अनुप्राणित है। यदि ईश्वर सर्वत्र है, तो आप में और मुझ में, सूरज व तारों में, कंकड़ और पत्थरों मे कौन है, जो हमारी सच्चाई हमें वापस दिला सके?

ईश्वर को अमूर्त, देहरहित, आकारविहीन मानकर सबसे अच्छी तरह समझा जा सकता है। वह स्थान और समझ के परे रहता है। वास्तुकार है, इमारत नहीं, कलाकार है, चित्र नहीं। जिस प्रकार खगोलवेत्ता और गणितज्ञ कल्पना करते हैं कि भौतिक जगत् की उत्पत्ति शून्य में एक आकारविहीन बिंदु में हुई, ठीक वैसा ही आकार ईश्वर का है।

आत्मा के रूप में हममें से प्रत्येक का आकार वही है—एक बिंदु। आत्माओं और ईश्वर के बीच इस समानता का ज्ञान हमें उसे जानने और उसको प्रेम करने तथा उससे शक्ति प्राप्त करने योग्य बनाता है। जब हम अपने मन को स्थिर करते हैं, अपनी सजग शक्तियों को एक बिंदु में खींच लाते हैं (जिसकी कल्पना, आँखों के पीछे, मस्तक के बीचोबीच चंदन की एक बिंदी के रूप में की जा सकती है) और स्मरण करते हैं कि हमारा घर इस भौतिक लोक के कहीं आगे पड़ता है, तब ऐसा अनुभव होता है, जैसे संपर्क का मार्ग खुल गया है। उस बीज-सदृश जागरूकता में हम शांति, प्रेम एवं आनंद की अपनी निज उच्चतम प्रकृति से पुनः जुड़ जाते हैं और मुख्य बीज (मुख्य स्रोत) को जान जाते हैं। इस आत्म-जागरूकता में एक पूर्णता होती है, एक प्रकार का संतोष होता है, जो स्वतः हमको उस परमात्मा से जोड़ देता है, जैसा कि बाइबिल में कहा गया है, "स्थिर बनो और जानो कि मैं स्वामी हूँ—तेरा ईश्वर।"

राजयोग में निहित लक्ष्य परमात्मा में विलीन हो जाना नहीं है, जैसा कि कुछ धार्मिक परंपराएँ आकांक्षा करती हैं, बल्कि शक्ति एवं गुण की दृष्टि से किंचित् परमात्मा समान बन जाने की चाह होती है। जब हम याद करते हैं कि हम भी अनादि-अनंत सत्ता हैं, हम स्वयं को पुनः परमात्मा के प्रेम एवं शांति गुणों से भरा हुआ महसूस कर सकते हैं। हम स्वयं को असीमित प्रेम के रूप में अनुभव करने योग्य पाते हैं, क्योंकि हमारे बारे में यही चरम सत्य है।

समय और आकाश के परे अपने घर, 'आत्मलोक' में हम एक विशुद्ध अंतर्निहित शक्ति की अवस्था में ईश्वर के साथ रहते हैं। हम संपूर्ण का एक अंश हैं, लेकिन एक संपूर्ण अंश—अपने आप में पूर्ण। अपनी इस भौतिक एवं चिरंतन

संपूर्णता का स्मरण करते हुए, उस समय भी जब हम यहाँ भौतिक जगत् में किसी देह में होते हैं, हम ईश्वर से 'सुर मिला' सकते हैं और उस उच्चतम 'शक्ति-स्रोत' के साथ गूँज सकते हैं।

भटका हुआ देवत्व

हमें ईश्वर से जो शक्ति प्राप्त होती है, वह सत्य की शक्ति होती है। प्रतिदिन के साधारण जीवन में, दैहिक-चेतना के माध्यम से, हममें से अधिकतर लोगों ने आत्मवंचना का दामन पकड़ लिया है। हम स्वार्थ भरी इच्छाओं के पीछे लगे रहते हैं और यह स्वाँग भरते हैं कि हम जो कर रहे हैं, दूसरों के हित के लिए कर रहे हैं। हम अपनी गलतियों को छिपाते हैं, धीरे-धीरे अपनी चेतना को मिटा डालते हैं और प्रेम एवं करुणा से ओत-प्रोत अपनी उत्कृष्ट प्रकृति का दमन करते रहते हैं। हम अपने आक्रोश को उचित ठहराते हैं, अपने दुश्मनों को अमानवीय अर्थात् जानवर बना देते हैं और अपने कमजोर तथा स्वार्थी व्यवहार के लिए कारणों एवं बहानों का सहारा लेते हैं।

हम सबने किसी-न-किसी अंश तक, अपनी सच्चाई को खो दिया है, क्योंकि हमने अपने देवत्व की अनदेखी की है। हम चेतना की संतानें हैं और जब हमारी चेतना भौतिक जगत् में अत्यधिक निमग्न हो गई, हम भूल गए कि हम आत्मा हैं।

परिपूर्ण संबंध

तथापि ब्रह्माबाबा की दिव्य-दृष्टियों से, आध्यात्मिक विश्वविद्यालय के सदस्यों को यह अंतर्दृष्टि प्राप्त हुई कि ईश्वर अस्तित्व के इस नाटक का पूर्णतः कोई तटस्थ प्रेक्षक नहीं है। ईश्वर एक जीवंत सत्ता है और इस नाटक के अंदर उसकी एक केंद्रीय भूमिका होती है। जिस समय अज्ञान और उसके साथ आने वाले दुःख एवं कष्ट चरमसीमा पर होते हैं, उस समय ईश्वर की भूमिका का सबसे महत्त्वपूर्ण पहलू हमें यह याद दिलाता है कि हम कौन हैं, और वह क्या हैसियत रखता है। इस समय मानवजाति को पुकार लगाने का उद्देश्य है कि हम ईश्वर को याद करके खुद को जगाएँ तथा अपने अंदर पुनः सच्चाई स्थापित करें और ऐसा करके विश्व में सच्चाई बहाल करें।

यह कार्य करने के लिए परमात्मा को स्वयं इस संसार में आना पड़ता है और अपनी लीला का प्रदर्शन करना पड़ता है। ईश्वर यहाँ हमें यह दरशाने आता है

कि हम अपने मन को वहाँ, सबसे ऊपर आत्मलोक की ओर कैसे ले जाने का प्रयास कर सकते हैं।

वह एक माता और पिता के रूप में आता है, उसे अपने बिछुड़े हुए बच्चों को खोजने की चिंता होती है तथा वह उनको अपनी बाँहों में भर लेना चाहता है, ताकि उनमें पुनः नई स्फूर्ति का संचार कर सके। वह एक प्रेमी के रूप में आता है और हम सब उसकी प्रेयसी हैं। वह हमारा सखा है, जो हमें साहस, प्रेरणा, विश्वास, धैर्य और शक्ति से भर देता है, ताकि हम आध्यात्मिक नवीकरण की तीर्थयात्रा पर चलते रहें एवं रास्ते में कंकड़-पत्थर एवं बाधाएँ बिखरी होने पर भी रुकें नहीं।

वास्तव में वह हर उस संबंध पर खरा उतरता है, जो हमारे लिए महत्त्व रखता है। वह हमारा शिक्षक है, जो हमें बताता है कि अतीत में क्या हुआ और आगे क्या होनेवाला है, जिससे कि हम चल रहे घटनाक्रम को समझ सकें तथा आनेवाले समय के लिए खुद को तैयार कर सकें। वह हमारा मार्गदर्शक और साथी है, जो हमें दिखलाता है कि जिस संसार में हर तरफ दुःख और विपत्ति का साम्राज्य है, उससे निकलकर अमिश्रित सत्य के प्रदेश की ओर जाने के लिए हमें कौन से व्यावहारिक कदम उठाने चाहिए।

दादी जानकी का कहना है कि ब्रह्माकुमारी आंदोलन के आरंभिक दिनों में उन्होंने अपने बीच परमात्मा की मौजूदगी को इतना अधिक महसूस किया कि कुछ के लिए परिवर्तन की गति बहुत तीव्र थी।

ब्रह्माबाबा ने अशरीरी रहने का एक ऐसा स्वाभाविक अभ्यास विकसित किया कि जब उनके जीवन का अंत निकट आया, उस समय उनकी दशा से यह प्रकट हो रहा था कि उन्होंने जो कुछ कहा और किया, मानो सब ईश्वर की ओर से कहा गया और कराया गया। वे संपूर्ण न्यासी (ट्रस्टी) बन गए, उनके मन, शरीर और उनकी धन-दौलत का उपयोग केवल ईश्वर की सेवा में हुआ। उन्होंने अपने लिए कोई मान्यता नहीं चाही, लेकिन हमें यह समझने की शिक्षा दी कि ईश्वर उनके माध्यम से वही सच्ची जागरूकता स्थापित करने के लिए कार्य कर रहा है, जो खुशी एवं सुख की एक दुनिया वापस ला सकेगी।

उद्देश्य की इस पवित्रता के प्रति हमारी आँखें खोलना एक ऐसी बात थी, जिसके कारण हमारे लिए यह महसूस करना संभव हो सका कि हम एक नया जीवन प्राप्त कर रहे हैं। अपने अंदर ऐसी प्रसन्नता, शांति और ऐसे प्रेम का अनुभव

करके, हमें अब दूसरों में कोई दोष नजर नहीं आया, केवल अच्छाई दिखी। हमने एक-दूसरे को आत्माओं, ईश्वर की संतान के रूप में देखा। हमें ज्ञान हो गया कि हम सब इस भौतिक लोक में केवल अपनी-अपनी भूमिका निभाने आए हैं। यह संसार अब पुराना हो चला था, बेईमानी, झूठ और हिंसा से भरा हुआ, लेकिन यह अब शीघ्र बदलनेवाला था।

□

4

समय को जानना

'किसने यह खेल रचाया है
किसने रचा है सारा संगीत
तूने अकेले ही किया सब
फिर छुप गया कहीं दूर जाकर'

चक्राकार समय को जानने-समझने में नाटक के सूक्ष्म तंत्र के अंदर परमात्मा द्वारा निभाई गई भूमिका भी पूर्व-निर्धारित होती है। चिंतन की इस विधि में शक्ति है। इसका अभिप्राय है कि ईश्वर कोई चंचलमना, अलौकिक एजेंट नहीं है, जिससे हमें डरने की जरूरत है। ईश्वर वास्तव में शांति और प्रेम का ही दूसरा रूप है। मानवजाति में जो सबसे ऊपर है, ईश्वर उसका ही बीज है। उसे जानने और स्मरण करने का मतलब है, अपने निज अस्तित्व की सकारात्मक कार्य-योजना को सक्रिय करना। ध्यानपूर्वक बार-बार ऐसा करने से हम अपनी शांतिपूर्ण एवं स्नेहमय प्रकृति को पुन: प्राप्त कर लेते हैं।

किसी आवर्ती समय-चक्र का ज्ञान, जिसमें परमात्मा भी सम्मिलित हो, बहुत शक्ति देनेवाला होता है। इस ज्ञान से हम यह समझने में समर्थ होते हैं कि किस प्रकार हमने अपनी सच्चाई को खोया और अब हमें इसे पुन: प्राप्त करने की कितनी आवश्यकता है।

यह हमारे समक्ष एक ऐसी मानवजाति की कहानी प्रस्तुत करता है, जिसकी यात्रा एक स्वर्णिम युग में आरंभ होती है; जहाँ हम एक-दूसरे के साथ और शेष

प्राकृतिक जगत् के साथ प्रेम एवं सद्भावपूर्वक ढंग से रहते हैं। हिंसा और लड़ाई-झगड़े की वहाँ कल्पना भी नहीं की जा सकती, क्योंकि हमें इस बात की समझ है कि हम आत्मा हैं, प्रेम के स्पंदन से जुड़े हुए और हम उन भौतिक आकृतियों के साथ तादात्म्य स्थापित नहीं करते हैं, जो हमें अलग कर देंगे। यह स्वर्ग सच में जीवन की मौलिक कार्य-योजना के अस्तित्व के शाश्वत नाटक की आरंभिक 'पटकथा' की बाहरी अभिव्यक्ति है।

चार अंकों में एक नाटक

नाटक चार अंकों में है, प्रत्येक अंक का समय बराबर है। यह स्वर्णिम युग से आरंभ होता है, धार्मिक परंपराओं में जिसे धरती पर 'स्वर्ग' कहा जाता है। उसके बाद रजत युग आता है, जिसमें एक विभाजित विश्व का आरंभ झलकता है, किंतु आध्यात्मिक जागरूकता अभी भी मजबूत होती है।

जैसे-जैसे भौतिक विषय हमारी चेतना में घुसपैठ करते जाते हैं, चेतना में मूलभूत परिवर्तन होने लगता है। जिस प्रकार कोई स्फटिक अनेक दोषों के कारण कमजोर हो जाता है, उसी प्रकार समयचक्र के पूर्वार्ध को विशिष्टता प्रदान करनेवाली 'मन की एकता' चकनाचूर हो जाती है। भौतिक उथल-पुथल, जिसे अधिकतर प्राचीन संस्कृतियों में महाप्रलय के युग के रूप में याद किया जाता है, इस मानसिक स्थिति के साथ जुड़ी चली आती है।

अब्राहम, ईसा, बुद्ध और मुहम्मद जैसे महान् पैगंबर तथा शिक्षक अधिक गहरी वास्तविकताओं की याद दिलाते हुए लाखों-करोड़ों का उत्थान करते हैं और उन्हें रास्ता दिखाते हैं कि वे जीने के ऐसे तौर-तरीके कैसे अपनाएँ, जो हमारी उच्चतर प्रकृति का सम्मान करनेवाले हों। वे विभिन्न धर्मों में ऐसी मजबूत विचारधाराओं की शाखाओं के प्रवर्तक बन जाते हैं, जिनके अंदर मानवजाति के भिन्न-भिन्न वर्गों को अपनेपन तथा एकता की भावना पुनः प्राप्त होती है।

तथापि कुल मिलाकर आध्यात्मिक ज्ञान की हानि नाटक के उत्तरार्ध में बराबर जारी रहती है। अंततः स्थिति उस सीमा तक पहुँच जाती है, जहाँ ईश्वरीय हस्तक्षेप आवश्यक हो जाता है। यह विशुद्ध चेतना की एक सुई लगने से होता है। ईश्वर सभी आत्माओं को यह याद दिलाने आता है कि वे उसके अंश हैं और उन्हें अपने शरीर का त्याग करने तथा आत्मलोक की ओर लौटने योग्य बनाना है, ताकि चक्र नए सिरे से शुरू हो सके।

यह परमात्मा की मुख्य भूमिका है और इतने सारे लोग किसलिए उसे

अपने अंतिम रक्षक के रूप में, जाने या अनजाने याद करते हैं। वह न केवल आध्यात्मिक ज्ञान पुनः उत्पन्न करता है, जो हमें अपने घर पहुँचाएगा, अपितु उस चेतना को भी पुनः जाग्रत् करता है, जो धरती पर स्वर्ग की पुनर्स्थापना करती है।

इस समझ की शक्ति एवं खूबसूरती का एक और पहलू है कि यह वर्तमान के लिए गुंजाइश रखते हुए, हमें अमरत्व की भावना का एहसास कराती है। बहुत लोग यह अवश्य समझते हैं कि वर्तमान में रहते हुए हम जीवन के प्रवाह के साथ अपने कदम अधिक अच्छी तरह मिला सकते हैं, बजाय इसके कि हम अतीत की घटनाओं या भविष्य की चिंताओं से चिपके रहें। तथापि, यदि आप आज की परिपूर्णता से दूर दुनिया में, जीवन में फँसे रहना चाहते हैं तो निरंतर 'वर्तमान में' टिके रहना शायद संभव न हो। कुल मिलाकर समय-चक्र की तुलना में यदि हमें यह ज्ञान हो जाता है कि हमारी स्थिति क्या है तो उससे हमारे लिए न केवल स्वयं को समझना सरल हो जाता है, बल्कि दूसरों को समझाने में भी आसानी होती है। यह ज्ञान हमें अपने आपको अपने दोषों के साथ स्वीकार करने की शक्ति देता है और हम इस सच्चाई से भी मुँह नहीं फेरते हैं, कि मूलतः हम क्या थे और क्या बनने जा रहे हैं?

वाराणसी में दिव्य-दर्शन

समय-चक्र का ज्ञान ब्रह्माबाबा को सन् 1930 के दशक के आरंभिक काल में प्राप्त हुआ। वे भारत के सबसे प्राचीन नगर वाराणसी में एक मित्र के घर में ठहरे हुए थे, जब उन्होंने स्वयं को एक दीवार पर बार-बार गोले बनाते हुए पाया। उसी समय उनके मानसपटल पर जो रेखा चित्र उभरे, उनमें मृत्यु एवं विनाश के रहस्यपूर्ण दृश्य शामिल थे, जिसके बाद उन्होंने तारों को धीरे-धीरे कोमलता से धरती पर उतरते हुए देखा और जहाँ-जहाँ उतरे वहाँ-वहाँ, सर्वांगीण मानव सरीखे देवी-देवताओं की आकृतियाँ सहसा प्रकट हो गईं। जिस प्रकार फूल प्रकट हो जाते हैं।

बाद के वर्षों में उनके उपदेशों की ऐसी अमृत-वर्षा हुई, जो अनेक लोगों के जीवन में नवीकरण का आधार बन गई है। उन्होंने कहा है कि भौतिक जगत् के मंच पर एक बार अवतरित हो जाने पर मानव आत्माओं को चक्र की समाप्ति तक पुनर्जन्म लेना पड़ता है, जिसके बाद वे सब एक साथ घर लौट जाते हैं। चक्र के अधिकतर भाग में जनसंख्या निरंतर बढ़ती रहती है, क्योंकि अधिक-से-अधिक 'पात्र' मंच से जुड़ जाते हैं।

दादी जानकी बताती हैं कि ब्रह्माबाबा को उस समय का पूर्वानुमान करने में

बहुत आत्मगौरव एवं आनंद का अनुभव होगा, जब उनकी उच्चतम संभावित शक्ति को वास्तविकता का रूप दिया जाएगा। उनको यह भी समझ आ गया है कि आनुक्रमिक जन्मों के कारण उनकी उस उच्चतम सत्य को साथ लेकर जीने की क्षमता धीरे-धीरे क्षीण हो चुकी है। अब उनका लक्ष्य ईश्वर के स्मरण द्वारा स्वयं को पुनः परिपूर्ण पाना और स्वर्ण-युग के आने की प्रतीक्षा करना था।

इसके अलावा वे हमको भी वही करने के लिए बुला रहे थे। अपनी पुरानी प्रकृति का त्याग करके और स्वयं को आध्यात्मिक पिता के स्नेहमय आलिंगन के प्रति समर्पित करके हम भी सत्य की आयु के स्वामी बन सकते थे।

वे आनंदपूर्ण दिन थे। हम आध्यात्मिक प्रेम में डूबे रहते थे। हमें अनुभव होता था कि स्वर्ग निकट ही है। वास्तव में, हम प्रेम में इतने निमग्न थे कि कुछ को तो ऐसा लगता था, जैसे वे पहले से स्वर्ग में हों। अपने मन से हम पिता के साथ थे, जिसका स्थान सर्वोपरि था और किसी बात से हमें कोई मतलब नहीं था। इस जागरूकता में महान् शक्ति थी, जो हमें अतीत को पीछे छोड़ने और एक नए अस्तित्व की ओर बढ़ने के लिए प्रेरित करती थी।

आजीवन ज्ञानार्जन

जैसे-जैसे समय बीतता गया, हमें समझ आने लगा कि ईश्वर यहाँ केवल हमारे लिए नहीं है, बल्कि समस्त मानव जाति के लिए है और हमें सेवा को समर्पित जीवन के लिए तैयार कर रहा है। हमने महसूस किया कि मनुष्य जाति को आत्मा का ज्ञान न होने के कारण सब जगह कष्ट सहना पड़ रहा है। जिस प्रकार हम परम सत्ता द्वारा आने साथ बाँटे गए ज्ञान के द्वारा सुख एवं स्वतंत्रता प्राप्त कर रहे थे, उसी प्रकार हमें दूसरों को भी वैसा ही करने योग्य बनाने के कार्य में योगदान करना चाहिए।

आनंद की इस अनुभूति के बावजूद कि हमने ईश्वर को खोज लिया है, हमने जाना कि आत्म-नवीकरण संबंधी कार्य के लिए काफी लंबे समय तक एक-निष्ठ समय एवं ध्यान की आवश्यकता होगी। पुरानी आदतें मुश्किल से छूटती हैं और हममें से अधिकतर लोग सारा जीवन सीखते ही रह जाएँगे। आज भी मैं स्वयं को एक धर्मपरायण विद्यार्थी मानती हूँ। हर दिन आध्यात्मिक क्षमता और शक्ति में वृद्धि करने हेतु नए अवसर लेकर आता है। मैंने भारत में ही नहीं, विदेश में भी हजारों लोगों को, बड़ी सादगी से सेवा को समर्पित

जीवन व्यतीत करना पसंद करते हुए देखा है, और भी हजारों-लाखों लोग रोजमर्रा की जिंदगी में आत्म और विश्व-नवीकरण के लक्ष्य का पीछा कर रहे हैं। सही ढंग से ईश्वर का स्मरण करने से हृदय को जो पूर्णता होती है, उससे परिवार के सदस्यों तथा सहकर्मियों के साथ संबंधों का स्वरूप बहुत बदल जाता है।

जब आत्मिक या अंतरंग यात्रा, आत्मिक परिवर्तन, आपके जीवन तथा सजगता में पर्याप्त रूप से केंद्रस्थ हो जाता है, तब आपके बाहर जो कुछ भी घटनाक्रम चल रहा होता है, वह एक परीक्षण आधार बन जाता है, जो आगे बढ़ने में आपकी मदद करता है। बाहरी संबंधों एवं घटनाओं से आपको पता चलता है कि स्थिरता एवं प्रेम को बनाए रखने में आप कितनी दूरी तय कर चुके हैं तथा सुधार के लिए कहाँ-कहाँ गुंजाइश है। प्रगति से बहुत खुशी प्राप्त होती है। विफलताएँ मनुष्य को दृढता से आगे कदम बढ़ाने तथा बहुत कुछ सीखने की प्रेरणा देती हैं। इससे एक उत्कृष्ट एवं आदर्श जीवन की ओर बढ़ना सरल हो जाता है।

इस पुस्तक के अगले भाग में बताया गया है कि दादी जानकी के अधिकतर जीवन के बारे में हमने अब तक जो कुछ जाना-समझा है और जानकारी प्राप्त की है, उससे प्रेरणा लेकर हम किस तरह दैनिक चेतना द्वारा बनाए गए फंदों से बच निकलने का मार्ग पा सकते हैं, जिससे कि बंधनमुक्त बनने में हम उनके उदाहरण को अपना सकें।

□

भाग-2 : जीवन

''प्रत्येक मनुष्य एक संपूर्ण का हिस्सा है, जिसे हम 'सृष्टि' कहते हैं—समय और आकाश में सीमित एक हिस्सा। वह स्वयं को, अपने विचारों और अपनी भावनाओं को ऐसे अनुभव करता है, जैसे वे अन्य सभी से कुछ अलग हों, यह उसकी चेतनता का एक प्रकार का चाक्षुष अर्थात् दृष्टि-संबंधी भ्रम होता है। यह भ्रम हमारे लिए एक प्रकार का कारागार है, जो हमें हमारी वैयक्तिक इच्छाओं और हमारे सबसे निकट कुछ व्यक्तियों के प्रति स्नेह तक सीमित रखता है। हमारा काम यह होना चाहिए कि हम करुणा के अपने दायरों का विस्तार करके स्वयं को इस कारागार से मुक्त करें और करुणा के अपने उस दायरे में सभी जीवित प्राणियों तथा समस्त प्रकृति को उसके सौंदर्य सहित सम्मिलित करें।''

—अल्बर्ट आइंस्टाइन

5

सत्य की शक्ति

'रे मानुष! दर्पण में मुखड़ा देख अपना
सोच कि कितना परोपकार और कितना पाप
किया है तूने अपने जीवन में'

दादी जानकी तथा अनेक अन्य लोगों को ब्रह्माबाबा के माध्यम से जो दिव्य प्रेम एवं ज्ञान प्राप्त हुआ, उससे उनके जीवन को एक नई दिशा मिली। उनके लिए यह ऐसा अनुभव था, मानो उन्हें नया जन्म मिला हो।

वे समझ गए कि यह ज्ञान एवं अनुभव उन्हें ईश्वर से प्राप्त हुआ है, किंतु अब यह उनमें से प्रत्येक पर निर्भर करता था कि वे उस ज्ञान का सदुपयोग करें और उसे इस प्रकार कार्य एवं व्यवहार में लागू करें कि यह केवल अल्पकालिक सुख या भावी आकांक्षा ही न रहे, बल्कि एक ऐसी शक्ति बने, जो वास्तव में उनके जीवन को विशिष्ट स्वरूप प्रदान कर सके।

दादी का कहना है कि इसे हासिल करने के उद्देश्य से वे अपनी बुद्धि का प्रयोग करने की ओर बहुत अधिक ध्यान देती हैं, जिससे कि वे अपने हृदय को प्रसन्न रख सकें, अपने मन को सही रास्ते पर, अपने मस्तिष्क को ठंडा और अपने स्वभाव को सरल व निष्कपट बनाए रख सकें।

> समय बीतने के साथ-साथ इस अभ्यास से मुझे आंतरिक शक्ति प्राप्त हुई है, जो मुझे अपनी शांति और एक स्नेहमय मानसिकता बनाने योग्य बनाती है, भले ही बाहर कुछ भी होता रहे। यह मेरे लिए अच्छी बात है, विशेषकर ऐसे

समय में, जब मेरा शरीर बूढ़ा हो गया है, क्योंकि सबके भले के लिए अगला कदम उठाने के बारे में इसके कारण अब मुझे अपने संबंधों तथा दूसरों से संपर्क करने में बहुत कम ऊर्जा खर्च करनी पड़ती है, कुछ भी व्यर्थ नहीं जाता है। यह दूसरों के लिए भी अच्छा है, क्योंकि जब वे मेरे संपर्क में आते हैं, तब उन्हें भी मेरे अंदर बसी शांति और प्रेम का एक अंश मिल जाता है, स्पंदन के रूप में। इसके अतिरिक्त एक तथ्य यह भी है कि हम जितने अधिक शांत एवं स्नेहमय होते हैं, गरम मिजाज और उद्विग्नता के विपरीत, उतनी ही अधिक स्पष्टता से हम सोच-समझ सकते हैं।

अधिकतर पशु जीवन की घटनाओं के बदले सहज रूप से प्रतिक्रिया व्यक्त करते हैं। उनकी मूल प्रवृत्तियों में इतना अधिक अंतर या बदलाव नजर नहीं आता है, जितना कि मानवजाति की मूल प्रवृत्तियों में देखा जाता है; हालाँकि किसानों और पालतू पशु रखनेवालों की मानें तो उनका भी अपना पृथक् अस्तित्व होता है। मनुष्य इसलिए भिन्न होते हैं, क्योंकि हमारे कार्य की गुणवत्ता समय के चलते बहुत बदल जाती है। हालाँकि सभी आत्माएँ हमारी मूल प्रकृति के रूप में प्रेम, शांति एवं खुशी में हिस्सा लेती हैं, फिर भी समय गुजरने के साथ-साथ हम उन गुणों को व्यक्त करने की अपनी योग्यता से समझौता करने लगते हैं और यह सिलसिला तब तक चलता है, जब तक कि आखिर में, दैहिक-चैतन्य हमारी जागरूकता पर हावी नहीं हो जाता है।

विषाक्त धारणाओं को पहचानना

दैहिक-चैतन्य का अभिप्राय हमारी देह के बारे में सचेत रहने से कहीं अधिक होता है। यह जीवन के भौतिक पहलुओं तथा आत्मा का ज्ञान लुप्त हो जाने के साथ अतिशय-तदात्मीकरण से उत्पन्न, लोगों तथा परिस्थितियों के प्रति इच्छित प्रतिक्रियाओं की एक समूची प्रस्तावली (पैकेज) के लिए आशुलिपि का काम करती है।

दैहिक-चैतन्य निर्मल प्रेम, शांति और आनंद का शत्रु है। हम देह हैं या शरीर हैं, इस धारणा के परिणाम विषैले होते हैं। यह धारणा चिंता, भय और दुःख का मार्ग खोल देती है। हम चिंता करते रहते हैं कि हमारे साथ कुछ बुरा होनेवाला है। यदि ऐसा प्रतीत होता है कि यह हो सकता है, तो हम भयभीत हो जाते हैं और यदि यह हो जाता है तो हम दुःख में डूब जाएँगे।

उदाहरण के लिए, आप अपने स्वास्थ्य के बारे में बहुत चिंतित हो सकते हैं

या अपनी नौकरी की सुरक्षा को लेकर चिंता कर सकते हैं या यह सोच आपकी चिंता का कारण बन सकती है कि आपका जोड़ीदार आपको छोड़कर न चला जाए, क्योंकि आपने इस हकीकत को नहीं देखा है कि ये सभी कारण आपके लिए, आत्मा के लिए बाहरी हैं। वह चिंता एक परिपाटी बन जाती है, आप्की असुरक्षा की भावना को अधिक प्रचंड करती रहती है, जब तक कि चिंता भय में न बदल जाए। भय आपके प्रेम करने तथा उचित देखभाल करने की क्षमता को अवरुद्ध कर देता है। इस कारण, समय के रहते आपकी देह आपका कार्य तथा आपके संबंध, सभी कुछ बिगड़ने लगता है, जिसका दोष आपकी सोच को जाता है, न कि परिस्थितियों को।

यह स्पष्ट हो जाता है कि कष्ट आत्मप्रेरित होता है, यह तब पता लगता है, जब हम देखते हैं कि लोग जीवन की चुनौतियों का सामना कितने अलग ढंग से करते हैं। एक व्यक्ति की अड़चन किसी दूसरे व्यक्ति के लिए जीवन में तरक्की का अवसर साबित हो सकती है। नौकरी छूट जाना या जोड़ीदार का साथ छोड़कर चले जाना किसी एक व्यक्ति के लिए विनाशकारी हो सकता है और किसी दूसरे व्यक्ति के लिए नए जीवन की शुरुआत हो सकती है।

सुरक्षा के आंतरिक स्रोत

हमें किस प्रकार प्रतिक्रिया करनी चाहिए, उसके लिए एक कसौटी यह हो सकती है कि हमने किस सीमा तक आत्मसम्मान की भावना का अंतर्लयन किया है। जो व्यक्ति बहुत लाड़-प्यार में पला-बढ़ा हो, वह विफलताओं को उस व्यक्ति की तुलना में अधिक आसानी से सहन कर सकता है, जो प्यार पाने के लिए हमेशा भूखा रहता है। क्योंकि जो व्यक्ति लाड़-प्यार से वंचित रहा हो, वह किसी क्षति या क्षति की आशंका से एक असहनीय दुःख की भावना में डूब सकता है, जो उसके लिए मानसिक आघात या किसी अन्य प्रकार के स्वास्थ्य संकट का कारण बन सकती है।

तथापि बात केवल यह नहीं है कि हमारे माता-पिता या भाई-बहनों का प्यार हमें मिला या नहीं। हमारी प्रवृत्तियाँ बहुत भिन्न होती हैं। कोई बच्चा किसी घर में सुख व खुशी ला सकता है, जबकि कोई बच्चा हर समय किसी अवसाद में जी रहा होता है। आध्यात्मिक ज्ञान हमें बताता है कि आत्माएँ अपने पिछले कृत्यों के अनुसार भिन्न पूर्ववृत्तियाँ लेकर आती हैं। एक जन्म में सकारात्मक कर्मों की अधिकता दूसरे जन्म में अनुकूल परिस्थितिय़ों में वृद्धि करती है, सुख एवं खुशी

देती है और इसका उलटा भी होता है।

राजयोग की खूबसूरती यह है कि ईश्वर के प्रेम और ज्ञान के माध्यम से हम अपने जीवन के प्रक्षेपण-पथ संबंधी नकारात्मक पहलुओं को सकारात्मक में बदलने की शक्ति विकसित कर लेते हैं। हम जान जाते हैं कि दैहिक-चेतना में हमारे क्रमिक ह्रास के कारण हम अपनी आंतरिक शक्ति को देख नहीं पाए, जिसकी वजह से हम कमजोर होते चले गए और दु:ख-दर्द सहना हमारी नियति बन गई। हमें पता चल जाता है कि हम सच्चा आत्मसम्मान परमेश्वर के संबंध में आत्मा की चेतना के जरिए ही पुन: प्राप्त कर सकते हैं।

हृदय को निर्मल, पवित्र रखने के लिए हमें कोई प्रयास तो करना ही होगा। हृदय की निर्मलता का अर्थ है, हृदय का ईश्वर की दया, सच्चाई और प्रेम से भरा होना तथा दु:ख या अकेलापन, ईर्ष्या या निंदा जैसी नकारात्मक भावनाओं के लिए कोई जगह न छोड़ना। फिर शरीर, मन और शब्द सब ठीक काम करते हैं तथा खुशी कई गुना बढ़ जाती है।

इसके विपरीत, जो लोग सिर्फ अपने दिमाग से काम करते हैं, वे अंतत: अपने हृदय को दु:ख से भर देते हैं। उपेक्षित हृदय प्रेम और सम्मान पाने के लिए तड़पने लगता है; दूसरों की मानसिकता और व्यवहार के प्रति इतना नाजुक एवं संवेदनशील हो जाता है कि यह बहुत आसानी से हर प्रकार की भावनाओं की पकड़ में आ जाता है।

दादी जानकी कहती हैं—

> हर बात हृदय से आरंभ होती है। यह अपने भीतर उन भावनाओं को ग्रहण करता है और आश्रय देता है, जो दूसरों के प्रति हमारी मानसिकता तथा दृष्टि को शक्ल देती हैं। मेरा उद्देश्य हृदय में सत्य का अनुभव करना, हृदय को निरंतर प्रेम एवं ज्ञान तथा ईश्वर की संगत के रंग से भरते रहना है। यह उन्नत संबंध बुद्धि के योग को शक्तिशाली बनने का सामर्थ्य देता है, इतना शक्तिशाली कि ईश्वर आत्मा को ऊपर की ओर खींच सकता है और आत्मा किसी भी समय उसके प्रेम के समीप आ सकती है। तत्पश्चात् जो कोई भी मुझे याद करता है, मुझे इस रूप में देख सकता है कि मैं केवल उस एक की हूँ। ऐसा योग ही नए विश्व की स्थापना का आधार है।

सचेत परिवर्तन के लिए क्षमता

मैं उल्लेख कर चुका हूँ कि अधिकतर पशु सापेक्षित: एक नियत कार्य-

योजना के अनुसार व्यवहार करते हैं, मनुष्य के कार्यों की गुणवत्ता जागरूकता संबंधी परिवर्तनों के साथ बदल जाती है। सौभाग्य से हम इस अर्थ में पशुओं से भी भिन्न हो जाते हैं, क्योंकि हमारे पास आत्म-जागरूक होने की क्षमता है और हम सचेत रूप से अपनी मानसिकता तथा विश्व को देखने के अपने नजरिए में सुधार ला सकते हैं।

ईश्वर से संबंध के द्वारा पुनः शक्ति प्राप्त बुद्धि वह साधन है, जो इसे संभव बनाती है। मन से बुद्धि को अलग करके देखना लाभप्रद है, यद्यपि सच की दशा में, दोनों सुर-ताल मिलाकर काम करते हैं। मन में जो कुछ सर्वप्रमुख होता है, उसके अनुसार हम संसार का अनुभव करते हैं। मन हमारी सजग चेतना को विचारों एवं भावनाओं के साथ प्रस्तुत करता है। जैसी-जैसी भावनाएँ और विचार हमारे सामने आते हैं, उन्हीं के अनुरूप हमारे कार्य होते हैं।

दैहिक-चेतना समझौता कर लेती है और अंततः हमारी भौतिक, सकारात्मक प्रवृत्ति को भ्रष्ट कर देती है। जब दैहिक इच्छाएँ अभिलाषाएँ तथा कामनाएँ हमारी विचार-शैली पर हावी हो जाती हैं, तो ये बुद्धि पर कब्जा कर लेती हैं। संभव है आरंभ में, बुद्धि इन नकारात्मक आवेगों को नियंत्रित करने की चेष्टा करती हो। यह हमें बता देती है कि वे गलत हैं और हमारी वास्तविक प्रकृति के अनुरूप नहीं हैं। चेतना दंश देती है। कदाचित् हम उस ढंग से कार्य करने के लालच का प्रतिरोध करने की शक्ति प्राप्त कर लेते हैं, जो हमें लगता है, हमारी मानवता का उल्लंघन करेगा।

तथापि जैसे-जैसे हमारी वास्तविक प्रकृति का अज्ञान बढ़ता जाता है और दैहिक-चेतना का शिकंजा कसने लगता है, चेतना धीरे-धीरे मर जाती है। यह ऐसा है, मानो बुद्धि पत्थर हो जाती है। सामान्यतः यह 'पुरानी आत्माएँ' होती हैं, जो अनेक जन्म ले चुकी होती हैं, जो इस सच्चाई को खो बैठती हैं, हालाँकि ऐसा एक जीवनकाल के अंदर भी हो सकता है।

दादी जानकी के अनुसार, शुभ-समाचार यह है कि इस प्रक्रिया को उलटा जा सकता है।

> मैं जानती हूँ, क्योंकि मैंने स्वयं ऐसा किया है तथा बहुत से दूसरे लोगों को भी करते हुए देखा है। हालाँकि मुझे हमेशा सच तक पहुँचने की चाह रही, फिर भी मैंने अपने अंदर हमेशा इतनी शक्ति नहीं पाई कि मैं अपनी चरम प्रकृति के अनुसार जी सकूँ। अब मेरा जीवन भर का प्रयास मुझे सच के उस

स्थान तक ले आया है, जहाँ मेरा हृदय, मन, बुद्धि और प्रकृति पिता के हृदय, मन, बुद्धि एवं प्रकृति समान हो गए हैं, प्रसन्नता तथा शांति से पूर्णतया भरे हुए, कुछ भी पाने, माँगने की चाह नहीं, ईश्वर से निरंतर सबकुछ मिल रहा है और मैं दूसरों के साथ सुख बाँट रही हूँ।

साहस की आवश्यकता

यह आसान है, किंतु उसके लिए साहस का होना आवश्यक है। इसका एक कारण यह है कि जैसे-जैसे ऊपर, और ऊपर चढ़ते जाते हैं, उसी प्रकार नीचे गिरना जब शुरू होता है तो बहुत तेजी से होता है। तब धैर्य और विनम्रता की आवश्यकता है। इसके अलावा आपको पूरे हृदय से अपने आपमें सच्चाई पुनः स्थापित करने की चाह होनी चाहिए।

जब ऐसा होता है कि बुद्धि और मन दोनों ईश्वर की एक संतान के रूप में, अपने अस्तित्व का ज्ञान आत्मसात् कर लेते हैं और उस ज्ञान के साथ अपनी दिशा निश्चित कर सकते हैं, तब आत्मा सच को पुनः प्राप्त कर लेती है। बुद्धि, मन और हृदय से कहती है, ''यहाँ से दूर घर में, उस परम पिता को याद रखना। इस ज्ञान के आनंद को महसूस करना कि तुम्हारा नाता उस एक से है। समझो कि तुम एक आत्मा हो, जिसकी मूल प्रकृति उस पिता के जैसी है—ज्ञानी, अनासक्त और स्नेहमय। जान लो कि तुम उस घर से आए हो, जहाँ सभी दूसरी आत्माएँ एक साथ रहती हैं और तुम जल्दी वहीं लौटोगे।''

जब मन ईश्वर के साथ संबंध की सुंदरता को पहचान चुका होता है, यह उस परम सत्ता के साथ एक होने के अनुभव को सरलता से याद रखता है और उस स्मृति की ओर लौटता रहता है। यही राजयोग है। यह आत्मा को सत्य की शक्ति से भर देता है।

आरंभ में यह अनुभव केवल मनन करने में आता है, जब हम विशेष रूप से स्मरण करने बैठते हैं। जैसे-जैसे हम दृढतर होते जाते हैं, हम कार्य करते समय भी उस एक के साथ संबद्ध बने रहने योग्य हो जाते हैं। यह ऐसा है, मानो परमेश्वर हमारा सखा बन जाता है और हमारी मदद करता है, ताकि हम अपनी नकारात्मक पूर्ववृत्तियों पर विजय पा सकें और अपनी उच्चतम क्षमता को प्रकट कर सकें। फिर ऐसा अनुभव होता है, जैसे सबकुछ वही कर रहा है। हम सचमुच और

चिरस्थायी रूप से मुक्त हो जाते हैं।

जो कुछ भी हमारी जानकारी में है, वह लोगों तथा परिस्थितियों के प्रति हमारी मानसिकता में प्रकट होगा, और उसके फलस्वरूप हमारे शब्दों एवं कार्यों में। हमारी जागरूकता में जो कष्टप्रद या अप्रिय स्मृतियाँ बनी रहती हैं, वे किसी जकड़जाये की तरह काम करती हैं, हमें जीवन में अपनी संभाव्यता को पूरा करने से रोकती हैं। जब अतीत हमारी जागरूकता में गहरे घुसकर बैठ जाता है, हम एक हतोत्साहक स्थिति में डूब सकते हैं। हमें भान होता है कि हमें उन पुरानी स्मृतियों की तरफ नहीं मुड़ना चाहिए, किंतु वे हम पर हावी रहती हैं और उन्हें झटककर अलग करना कठिन हो सकता है।

हमें इन स्मृतियों को ज्ञान के प्रकाश में देखना होगा, ताकि हम आगे बढ़ सकें। यह संभव हो सकता है। दादी कहती हैं, "जब हम सच्चे दिल से ईश्वर को सुनते हैं और मन के दर्पण को साफ रखते हैं। बुद्धि यह काम करती है। एक सक्रिय तथा स्नेहमय बुद्धि उस कहानी को सुनती रहती है, जो ईश्वर हमें सुनाता है, कि हम कैसे सुंदर से कुरूप और अब फिर सुंदर हो रहे हैं। आंतरिक सुंदरता की उस छवि को मन में रखते हुए हमें समझ आ जाती है कि भूतकालिक अनुभवों द्वारा छोड़ी गई धूल को कैसे साफ किया जा सकता है और आज की बाहरी दुनिया के भद्दे, गंदे दृश्यों को हमारे मन में घुसने तथा हमें प्रभावित करने से कैसे रोका जा सकता है।"

मन के प्रति दयालु

जैसे-जैसे हम ईश्वरीय प्रेम एवं ज्ञान के माध्यम से और दिव्य निर्देशों का पालन करते हुए, शांति एवं नैतिक बल प्राप्त करने का महत्त्व समझने लगते हैं, स्वयं पर निष्पक्ष भाव से दृष्टिपात करने की यह क्षमता उसी हिसाब से बढ़ जाती है। बुद्धि जब सच्चाई को मन में बैठा लेती है और स्वच्छ एवं शुद्ध हो जाती है, यह फिर से साफ-साफ देखने लगती है, तब मन शांतिमय हो जाता है। बुद्धि मन के प्रति दयालु होना सीख जाती है, न कि उसका दमन करना, प्रेम एवं ज्ञान का सहारा लेकर बुद्धि उसे, अर्थात् मन को, व्यवस्थित रखती है और उसके फलस्वरूप उसका स्वाभाविक सौंदर्य तथा उसकी पवित्रता उसे पुनः प्राप्त कराती है।

एक सरल, अहिंसक ढंग से हमारा हृदय इस और उसको पाने-चाहने का त्याग करने योग्य हो जाता है। हम उन शरीरों में रहते हैं, परिवार तथा अन्य संबंधों को बनाए रखते हैं, लेकिन हमें यह ज्ञान जितना अधिक होता है कि हम आत्मा

हैं, हम उतने ही अधिक निश्चिंत रहते हैं।

आत्मचेतना में हम प्रेम तथा अनासक्ति के साथ इन आँखों से दुनिया को खोजते हैं। हमारी आँखों में दुनिया का जो चित्र उभरता है, वह इस पर निर्भर करता है कि हम अंदर से कैसे हैं, न कि इस पर कि हम बाहर से कैसे हैं। जैसे-जैसे हम सच की आंतरिक शक्ति संचित करते जाते हैं, वैसे-वैसे हमारे कार्य और हमारी अंतर्दृष्टि सकारात्मक होती जाती है, जिसकी दूसरों को खुशी मिलती है और उनके दुःख दूर होते हैं।

जब हम स्वयं को प्रकृति या दूसरे लोगों के अधीन हो जाने देते हैं, तब हम खुश नहीं रह सकते। ऐसी अधीनस्थता आत्मा को दुःखी कर देती है। जब हम बुद्धि को उस एक प्रभु से जोड़े रखते हैं, हमें पूर्ण निपुणता प्राप्त हो जाती है, मन असंप्रक्त एवं शांतिमय बना रहता है, हृदय प्रेम से भर जाता है, मस्तिष्क और इंद्रिय अवयव शांत हो जाते हैं तथा शरीर को आराम मिलता है। हम भूतपूर्व लालसाओं की 'रसानुभूति' के आगे निकल जाते हैं।

दादी जानकी कहती हैं—

> 'हमें इस ज्ञान को बनाए रखना होगा कि परमात्मा वास्तव में हमारा पिता है और वही हमें शक्ति देनेवाला है। वह दाता है और हमारा काम प्राप्त करना है। ईश्वर का प्रेम और ज्ञान मुक्त रूप से प्रवाहित होता है, जब हम उसे अपना सर्वस्व मान लेते हैं, जब हम हृदय से महसूस करते हैं कि 'मेरा एक वही है, दूसरा कोई नहीं।' तब हम अपने आपको और इच्छाओं से, आकर्षण से तथा बाहरी प्रभाव से मुक्त रखने योग्य हो जाते हैं। हमारे बाहर जो कुछ भी हो रहा होता है, प्रशंसा या निंदा, जीत या हार, हम स्थिर बने रहते हैं। यही है सच्चाई अथवा वास्तविकता की दशा में रहना।'
>
> यदि कोई बाहर से प्रवेश करता भी है और कष्ट का कारण बनता है, मन को प्रभावित करता है, तो बुद्धि को पता होता है कि ऐसी स्थिति में क्या करना चाहिए। यह हृदय को शांत रहने के लिए कहती है और उस काँटे को प्यार से निकाल देती है। अन्यथा जब कुछ हो जाता है और उसे याद करते रहते हैं, तो हमें दुःख का अनुभव होगा और दूसरे भी वैसा ही अनुभव करेंगे।

दुःख लेने की आदत

दुःख देना और दुःख लेना एक प्रकार का रोग है। यह एक आदत है। यह

आदत हमें अति-संवेदनशील तथा नाजुक बना देती है और हमारे द्वारा दूसरों को दी गई चोट के प्रति असंवेदनशील। अंततः इसके लिए कोई वैध कारण नहीं होते हैं, हालाँकि अहं अनेक कारण और स्पष्टीकरण दे सकता है।

याद रखें कि इस संसार में हर किसी को अपनी भूमिका निभानी होती है और वह यह कि केवल हमारी शुभेच्छाएँ और निर्मल भावनाएँ ही किसी स्थिति को सुधारने में मददगार हो सकती हैं। हम चाहे जितनी शिकायत करें या कष्ट भोगें, उसका कोई फल नहीं निकलेगा। बार-बार दूसरों के बारे में सोचने से हमारी चेतना का स्तर घट जाता है और हरदम स्वयं दुःखी रहने से दूसरों को भी अवश्य ही दुःख पहुँचता है।

जब हम यह याद रखेंगे, हम फिर भूल से भी, स्वयं को दुःखी नहीं होने देंगे, अपितु मुसकराते रहेंगे। अन्यथा दुःख लेने की आदत कभी हमसे अलग नहीं होगी और हम छोटी-छोटी बातों को लेकर दुःखी होते रहेंगे, मानो कोई हमें निरंतर सूई चुभो रहा हो। भले ही दुःख की ऐसी कोई बात न हो, लेकिन हमारी सोच इसे ऐसा कुछ बना जरूर देती है। जीने का यह कोई तरीका नहीं है।

जब हमारा हृदय ईश्वर के प्रति सच्चा होता है, यह सशक्त हो सकता है। अर्थात् न तो अत्यधिक कोमल-नाजुक और कमजोर, न अंदर से कठोर तथा उसके फलस्वरूप दूसरों पर सख्त। हृदय सच में दयावान हो जाता है। यह दूसरों से साफ-साफ बोलने में डरता नहीं है, क्योंकि इसका उद्देश्य प्रेम होता है। किसी के क्षमाशील या दयावान होने का अर्थ इसको या उसको (पुरुष या स्त्री को), बिना परवाह किए, कुछ भी करने देना नहीं होता है। इसका अर्थ होता है, प्रेम की भाषा में इस तरह बोलने योग्य होना कि वे इस नेक इरादे को महसूस करें और इसे समझ सकें तथा स्वीकार कर सकें। इसके विपरीत यदि हम अहम के किसी पद से बोलते हैं, तो कोई नहीं सुनेगा।

एक-दूसरे को आदर तथा प्रेम-भावना से देखने से बड़ा सुख प्राप्त होता है और ऊर्जा उत्पन्न होती है। प्रेम और सत्यवादिता का सहारा लेकर दूसरे लोग स्वयं को बदल सकते हैं और नकारात्मक प्रवृत्तियों का त्याग कर सकते हैं। यदि हम यह धारणा बना लेते हैं कि अमुक व्यक्ति कभी नहीं बदलेगा और यह कि उनके बारे में सोचना छोड़ देना ही एक अधिक सुरक्षित या अधिक समझदारी भरा विकल्प होगा, तो इसका अर्थ होगा कि हम नहीं, बल्कि हमारा अहम बोल रहा है। दयावान होने का तात्पर्य होता है कि हम सदैव उस बात को याद रखें, जो नेक और हितकर हो तथा प्रेम का दान करने से कभी पीछे न हटें।

प्रेम एवं शांति के बीच संबंध

प्रेम और शांति के बीच एक संबंध है। क्योंकि अब तक हृदय प्रेम की खोज में रहता है, मन शांतिमय नहीं हो सकता। विश्व भर में प्रेम की कमी है और शांति चूर-चूर हो चुकी है। जवान हो या बूढ़ा, प्रत्येक व्यक्ति प्रेम चाहता है। बीमार और स्वस्थ, दोनों प्रेम की चाहत रखते हैं। प्रेम रुग्णता को मिटा सकता है और हमें अपनी बीमारी भुला सकता है। तथापि यदि हम किसी नकारात्मक स्थिति को याद रखते हैं, तो हम हृदय में दुःख का अनुभव करते हैं।

प्रेम परमात्मा से मिला एक उपहार है, जिसे हम हृदय में रखते हैं। परमात्मा के संपर्क में रहने से हमें ज्ञान मिलता है, जो हमें हर चीज को दिल से प्रेम करने की सामर्थ्य देता है। प्रेम स्वाभाविक है। जब तक आत्मा इस शरीर में रहती है, लोगों के साथ संबंधों का प्रेम रहता है, लेकिन जब हम शरीर के परे चले जाते हैं, हमें परमेश्वर से इतना शुद्ध एवं असीमित प्रेम मिलता है कि हम अपने सारे दोषों और सारी दुर्बलताओं को समाप्त कर सकते हैं। हम हृदय से उसे जितना अधिक पहचानते हैं, उतना ही अधिक आलोक और शक्ति हमें उससे प्राप्त होती है तथा फिर बुद्धि के माध्यम से हम उसकी संगत एवं शक्ति का महत्त्व अनुभव कर सकते हैं और समझ सकते हैं।

आत्मचेतना में हर बात का समाधान हो सकता है। बाहर की ओर इंगित करने की बजाय, बुद्धि अंदर की ओर तथा ऊपर की ओर देखती है। अन्यथा यह मन अनेकानेक स्थानों में चला जाता है। शरीर की तरफ, संबंधों, धन-दौलत, भोजन, आकांक्षाओं इत्यादि की ओर। इसीलिए ईश्वर ने हमसे कहा है कि दिव्य गुणों का विकास करने और फिर उन्हें अपने व्यावहारिक जीवन में लाने के उद्देश्य से हमें केवल उसका ध्यान करना चाहिए। केवल इसमें ही लाभ है।

शरीरों में हम आत्माएँ हैं और हमें अपने नेत्र, कान, मुँह, नाक इत्यादि को तर्क-सम्मत क्रम में लाना होता है, ताकि वे हमें इधर-उधर न खींच सकें और हम अपनी प्रभुसत्ता पुनः प्राप्त कर सकें। यदि हम सच्चे नहीं हैं, तो हम प्रेममय नहीं हो सकते, न हम शांति और सुख का अनुभव कर सकते हैं। ईश्वर हमें सच्चा ज्ञान देता है और हमें सच्चा बनाता है।

जब ईश्वर हमारे अंदर सच्चाई पुनः स्थापित करता है, हम अपनी पृथक् सत्ता ही नहीं खो देते हैं, बल्कि सरल और निश्चिंत स्पष्टवादी तथा उलझनमुक्त हो जाते हैं। यह वास्तविकता राजत्व लाती है और विनम्रता की एक अद्‌भुत

स्थिति। हमको बेचैन और अहं-चालित बनानेवाली पुरानी, सीमित इच्छाएँ ध्वस्त हो जाती हैं। जब हम अपने परम प्रिय के प्रति इस प्रकार निष्ठावान एवं सच्चे होते हैं, उसे अपना सखा बना लेते हैं तो चेहरों पर चमक एवं मुसकान आ जाती है और हमें ऐसा अनुभव होता है, जैसे हम दूसरों के साथ एक हो गए हैं। हमारा जीवन सही मार्ग दिखानेवाली मशाल बन जाता है।

□

6

शुद्धता की शक्ति

‘चाँद रहे, न रहे
तारे रहें, न रहें
मैं तुम्हारी रहूँगी सदा’

अंग्रेजी में एक पुरानी कहावत है, ‘स्वच्छता पवित्रता के समान है।’ इसका संबंध केवल शारीरिक स्वच्छता से नहीं है। इससे भी गहरा अर्थ यह है कि यदि हमें हृदय को ईश्वर से जोड़े रखना है और बुद्धि की समझ के मार्ग को साफ रखना है, तो दैहिक-चेतना की ‘धूल’ का अंबार लगने से रोकने के लिए निरंतर सतर्क रहना आवश्यक है। यह धूल-मिट्टी, कूड़ा-कर्कट अनेक रूपों में आता है, और उनमें से कुछ दूसरों की अपेक्षा सच्चाई के अधिक बड़े शत्रु हैं।

ब्रह्म कुमारियों के उपदेशों ने पारंपरिक नैतिकता के सामने जिस एक क्षेत्र में एक बड़ी चुनौती पेश की है, वह है यौन-संबंधी काम-वासना का विषय। ब्रह्माबाबा इसे सबसे बड़ा दुश्मन कहा करते थे। काम-वासना रूपी यह भूख केवल एक सती दैहिक-चेतना ही उत्पन्न नहीं करती है, आत्मा के लिए भी यह विष समान होती है।

कारण है कि यह एक बड़ा ढोंगी है। यह प्रेम की एक अभिव्यक्ति होने, स्वयं के संकीर्ण कारागार से बाहर आने और एक-दूसरे को कारागार की तरफ जाने का ढोंग करता है। इसके अलावा, यह ठीक अपनी ही प्रबलता के द्वारा, क्षण भर के लिए परम-आनंद के लोक में ले जाने, रोजमर्रा की चिंताओं से मुक्ति

दिलाने का दावा कर सकता है। इसी कारण बहुत लोग इसे इतना महत्त्व देते हैं। एक शुष्क संसार में, जो गहन आत्मचेतना के परमानंद को भूल चुका है, कामेच्छा की पूर्ति थोड़े समय के लिए सुकून देती है।

तथापि कामवासना से मिलनेवाली संतुष्टि भ्रामक होती हैं। इसका आधार सच्ची स्वतंत्रता नहीं है, बल्कि शारीरिक उत्तेजन तथा उस उत्तेजन को निकालने की एक प्रक्रिया है, जो मुक्तिदायक न होकर आसानी से लत डालनेवाली बन जाती है।

जीवित मरणोन्मुखी

मैं वर्णन कर चुका हूँ कि जिन लोगों को निदान की दृष्टि से 'मृत' घोषित कर दिया जाता है और कुछ ही समय बाद जिन्हें पुनर्जीवित कर दिया जाता है, उन्हें कभी-कभी किस तरह याद रह जाता है कि जब उनके शरीर और मस्तिष्क ने काम करना बंद कर दिया था, उस दौरान वे एक ऐसे परमानंद की स्थिति में चले गए थे, जिसे एक उन्नत ज्ञान से जोड़ा जाता है। इन निकट-मृत्यु अनुभवों में दिव्य संबंध की एक इतनी प्रभावशाली अनुभूति भी शामिल रहती है कि वहाँ से लौटने पर ये पुनर्जीवित व्यक्ति बहुधा नाटकीय ढंग से अपने जीवन का रंग-ढंग बदल लेते हैं। फिर वे अपने लिए कम जीना चाहते हैं, अपने लिए जीने की बजाय उन्हें दूसरों की सेवा करने तथा दूसरों के निकट आने में अधिक खुशी मिलती है।

दादी जानकी ने जिन आध्यात्मिक प्रथाओं को अपने जीवंत का आधार बनाया है, वे चेतना की ऐसी ही दशा को सरल बनाती हैं। वास्तव में ब्रह्म कुमारियाँ कभी-कभी कहती हैं कि इस जीवन का उद्देश्य 'जीवित मरणोन्मुख' होना है। सफल योग के साथ मिलनेवाला आनंद इतना महान् होता है कि जो लोग इस आनंद का अनुभव कर पाते हैं, वे सीमित, सांसारिक सुखों को आसानी से त्याग देते हैं और जीवन दूसरों की सेवा करने में लगा देना चाहते हैं।

मगर काम-वासना इसके बिल्कुल उलट करती है। जरा सोचकर देखो, काम-क्षुधा ने कितने जीवन बरबाद किए हैं। बलात्कार, बच्चों तथा कमसिन लड़कियों के यौन शोषण समेत, यौन हिंसा लाखों के जीवन को अभिशाप बना देती है। ऐसी अनेक घटनाएँ अकसर परिवारों के अंदर भी होती रहती हैं और किसी को खबर भी नहीं होती है, लेकिन यौन-हिंसा पीड़ित के दिलोदिमाग पर हमेशा के लिए घाव छोड़ जाती है। पुरुष भी कष्ट झेलते हैं, विशेषकर इंटरनेट व अश्लील साहित्य के युग में विवाहेतर यौनाचार के कारण न जाने कितने संबंध टूट जाते हैं

और नौकरी-पेशा एवं काम-धंधे तबाह हो जाते हैं, परिवार बिखर जाते हैं, दोस्त दुश्मन बन जाते हैं तथा आत्मसम्मान नष्ट हो जाता है।

कदाचित् सबसे खराब बात यह है कि जब विषय-वासना हमारी सोच में घुसकर बहुत बड़ी भूमिका अदा करने लगती है, यह एक-से-एक विनाशकारी रास्ते हमें दिखाती है, जो एक-दूसरे से जुड़े होते हैं। कामवासना प्राय: व्यक्ति की सूझ-बूझ और व्यवहार को नियंत्रित करने लगती है। नियंत्रण की खोज में यह प्रवृत्ति चरम दरजे के स्वार्थी एवं अमानवीय व्यवहार तक गिर सकती है, जिसका नतीजा यह होता है कि पीड़ित न केवल दूसरे लोगों से दूर हो जाता है, बल्कि आत्मा के लिए मूलभूत हित-रक्षा एवं करुणा से भी कट जाता है।

इस प्रकार, 'सहवास करने' के पीछे सकारात्मक आवेग अर्थात् मन की उमंगें लत डालनेवाली कामुकता में बदल सकती हैं और कामुकता व्यक्ति पर इस कदर हावी हो जाती है कि वह बार-बार वही माँग करने लगता है तथा कभी-कभी हिंसक बनने से भी स्वयं को रोक नहीं पाता है। बहुत लोगों के जीवन में कामेच्छा नृशंसता तक पहुँच गई है, जिसके कारण वे अपनी मानवता भी खो बैठे हैं, प्रेम और संबद्धता को बढ़ावा देना तो दूर की बात है।

ब्रह्माबाबा ने आध्यात्मिक विश्वविद्यालय के आरंभ से ही, वैवाहिक जीवन में भी ब्रह्मचर्य को जिन कारणों से बढ़ावा दिया, उनमें ये कारण भी शामिल हैं। इतिहास में इस निर्णायक समय पर, राजयोगियों को यदि उस ऊपरवाले, परमेश्वर के साथ संबंध के द्वारा नए सिरे से अपनी शुरुआत करने की चाह होती, तो उन्हें चाहिए था कि वे इनसानों से संबंध जोड़ने का अपना तरीका बदल देते।

उदात्त बनाना, न कि दमन करना

यह धारणा कोई नई नहीं है कि कामवासना से परे रहना दिव्य से संपर्क करने में सहायक हो सकता है। हिंदूधर्म, बौद्धधर्म और प्राचीन यूनानी चिंतन में ब्रह्मचर्य को एक सशक्त विकल्प माना गया है। रोमन कैथोलिक चर्च पुरोहिताई के लिए इसे आज भी एक अनिवार्य प्रतिज्ञा मानता है; हालाँकि पुरोहितों (पादरियों) एवं ननों को लेकर अनेक सेक्स कांड चर्चा में आ चुके हैं, जिनके कारण नीति में परिवर्तन की आवाजें भी उठने लगी हैं।

यदि तीव्र कामेच्छा को उदात्त बनाने की बजाय, दबाया जाता है तो यह विनाश का कारण बन सकती है। तथापि जब हमें दिव्य के साथ सही तरीके से जुड़ने का ज्ञान हो जाता है, तो इस संबंध से प्राप्त असीम आनंद और शक्ति

कामेच्छा की तीव्रता को मंद कर देती है। हॉलैंड दार्शनिक स्पिनोजा (सन् 1632–77) ने लिखा है, "हम सच्चरित्रता में आनंद नहीं पाते हैं, क्योंकि हम अपनी कामवासनाओं को नियंत्रण में रखते हैं। लेकिन इसके विपरीत, क्योंकि सच्चरित्रता में हमें आनंद मिलता है, इस कारण हम अपनी कामवासनाओं को नियंत्रण में रख पाते हैं।"

क्या इसका अर्थ यह होता है कि आप ब्रह्मचर्य का पालन किए बिना सदाचारी जीवन नहीं जी सकते? ऐसा बिल्कुल नहीं है। न इसका अर्थ यह निकलता है कि ब्रह्मचर्य का पालन करनेवाला उससे अधिक सदाचारी है, जो ब्रह्मचर्य का पालन नहीं करता।

जो भी हो, अनुभव बताता है कि आज की दुनिया में बढ़ते पापों, अनैतिक कार्यों एवं दुःखों का मूल कारण अनियंत्रित कामवासना है। यह आत्मा के अंतर्निहित गुणों, प्रेम, शांति एवं स्वर्गिक आनंद की शत्रु है। ब्रह्मचर्य का पालन करना या कम-से-कम उस दिशा में कदम रखने का विकल्प चुनना एक व्यक्ति के लिए अत्यंत महत्त्वपूर्ण निर्णय साबित हो सकता है, जो व्यक्ति ईश्वर को अपने जीवन में लाना चाहता है।

न्यासी बनने की मानसिकता

आजकल लोग बोरियत और अकेलेपन से छुटकारा पाने के लिए शारीरिक घनिष्ठता की खोज में रहते हैं, लेकिन जब एक बार हम इन संबंधों में फँस जाते हैं, तो फिर हमारे लिए ईश्वर से जुड़ना बहुत कठिन हो जाता है। ब्रह्माबाबा के बच्चे थे और नाती-पोते भी थे, लेकिन ब्रह्माबाबा ने यह साबित कर दिखाया कि उन्होंने अपने बच्चों और बच्चों के बच्चों के प्रति जिम्मेदारियों को पूरा करके एक न्यासी (ट्रस्टी) का धर्म निभाया, उनका मालिक बनकर ऐसा नहीं किया और इसी मानसिकता का यह फल रहा कि वे ईश्वर से जुड़े रहने की खातिर अपने मन तथा बुद्धि को स्वतंत्र रख सके। उन्होंने लोगों या सुविधाओं पर आश्रित रहने के बारे में बिल्कुल सोचना छोड़ दिया और उनका ध्यान पूर्णतया इस दिशा में मुड़ गया कि दुनिया की सेवा में उनकी जो असीमित भूमिका है, उस को निभाने के लिए वे अपनी ओर से सबकुछ कर सकें।

ऐसी स्वतंत्रता दृढनिश्चय की अपेक्षा रखती है या फिर यह समझ होनी चाहिए कि आप उन सभी बंधनों को तोड़ देना चाहते हैं, जो आपकी खुशी को सीमित करते हैं। यही चरम शुद्धता कहलाती है। यह सोचना अनावश्यक है कि

आपके जीवन में हमेशा सुख और दु:ख बना रहेगा। वह अपने आपमें एक सीमित करनेवाली धारणा है। राजयोग का लक्ष्य स्वयं को सभी परिस्थितियों में इस प्रकार स्थिर रहने योग्य बनाना है, जिससे कि दु:ख का अनुभव ही न हो।

दादी जानकी कहती हैं—

> यह दिल का मामला है। ईश्वर हमसे केवल हमारा हृदय माँगता है। जब हम हृदय से कह सकें कि हम उसके हैं और वह हमारा है, उस समय अपनेपन की ऐसी जबरदस्त अनुभूति होती है कि सभी बाहरी निर्भरताएँ मिट जाती हैं। हम वैरभाव, विद्वेष से मुक्त हो जाते हैं। कुछ भी नकारात्मक नहीं रहता है। हम धैर्यवान, विनम्र और मधुर बन जाते हैं। तन्हा हो जाने या अकेला पड़ जाने की कोई भावना नहीं रहती है। फिर हम अपनी ऊर्जा का सही-सही उपयोग करते हैं और जीवन में खालीपन तथा उलझन से परे हटकर हम पाते हैं कि सबकुछ ठीक है।
>
> साधारण और दंभपूर्ण विचार हमारी निर्मलता को कम करते हैं। कुछ लोगों को अपने आध्यात्मिक प्रयास का दंभ हो जाता है। दूसरों को अपने शरीर की सुंदरता या शक्ति में गर्व महसूस होता है या अपने पद की महानता में घमंड होता है या वे जो धर्मार्थ का काम करते हैं, उसको लेकर उनमें अकड़ आ जाती है। जब हम इस प्रकार की विचारशैली को अपने अंदर बसा लेते हैं, तो ईश्वर हमसे दूर हो जाता है।
>
> यहाँ तक कि दूसरों को खुशी देने की इच्छा या यह धारणा भी निर्भरता या दासता का एक सूक्ष्म रूप हो सकता है कि दूसरों को खुशी बाँटना हमारा उत्तरदायित्व है। यदि हमारी चेष्टाएँ शरीर पर आधारित संबंध से प्रेरित होकर सामने आती हैं तो हम चाहे जितनी भी कोशिश कर लें, वे कभी संतुष्ट नहीं होंगे। दासता या गुलामी की मौजूदगी का लक्षण यह है कि हम उस समय दु:खी या अपमानित महसूस करेंगे, जब हम पाते हैं कि हम दूसरों की आवश्यकताओं को पूरा नहीं कर सकते। यदि संबंध टूट जाता है तो अथाह दु:ख होगा।
>
> यह सच है कि दूसरों को खुश करने की इच्छा की जड़ें हमारी मानवता में विद्यमान हैं और यही कारण है कि हमारे लिए इसे एक गुलामी के रूप में पहचानना बहुत कठिन हो जाता है। तथापि, जब यह इच्छा दैहिक चेतना के किसी अंतरंग स्थान से प्रकट होती है, तो इसके अंदर स्वार्थ छिपा होता है।

जब हम स्वयं को ईश्वर की एक संतान के रूप में जानते और अनुभव करते हुए आध्यात्मिक रूप से परिपूर्ण होते हैं, तो हमारी दानशीलता निर्बाध और बिना शर्त होती है। यह ऐसा होता है, मानो ईश्वर हमारे माध्यम से दे रहा हो।

यदि हमें पूर्ण स्वतंत्रता का अनुभव करना है, तो हमें चाहिए कि हम शांति से बैठ जाएँ, अपने अंदर गहराई में झाँकें और सोचें कि हम किस प्रकार अपनी चेतना को ऐसी स्थिति में ला सकते हैं कि हमारे कार्य हमें बाँधकर न रख सकें। जब तक सूक्ष्म अहं बना रहता है, यह हमारे द्वारा किए जा रहे हर कार्य को प्रभावित करेगा और हम उसी उधेड़बुन में फँसे रहेंगे कि हमारा गुणवान नहीं हो रहा है या कि हमारी उपेक्षा हो रही है। हमें यह समझने की जरूरत है कि हमारे सोचने का तरीका ही हमारे दुःख का कारण बनता है, न कि दूसरों का व्यवहार।

विचारों एवं भावनाओं के साथ सावधानी

जब हमें पता होता कि कोई खाद्य-विशेष हमारे स्वास्थ्य के लिए हानिकारक है, तो हम उससे परहेज करते हैं। इसी प्रकार हमें अपने विचारों तथा अपनी भावनाओं के साथ भी सावधानी बरतनी चाहिए। दैहिक चेतना अंतहीन इच्छाओं को जन्म देती है। यह हमें काम-वासना, दंभ, लालच, आसक्ति और क्रोध जैसी बुराइयों के अधीन कर देती है, जो हमारी शक्ति को निचोड़ लेती हैं और हमारी सत्यनिष्ठा को नष्ट कर देती हैं। जब हमारे मन में नकरात्मक विचार सक्रिय रहते हैं, वे चिंता या पीड़ा के अवशेष छोड़ जाते हैं, जो कूड़ा-कर्कट के समान होते हैं। सभ्य लोग अपने कूड़े को कूड़ेदान में डाल देते हैं। वे अपने घर के अंदर कूड़ा जमा नहीं होने देते हैं।

दिव्य के साथ संपर्क बनाए रखकर स्वयं को इस देह-चैतन्य दुनिया की प्रथाओं एवं पद्धतियों की दासता से मुक्त कर लिया है, जो वैसे तो हितकारी होती है, लेकिन जो वास्तव में दुःख देनेवाली होती है। इस प्रकार का जीवन दूसरों के लिए और मेरे लिए भी स्वतः सुख लाता है। जब वे देखते हैं कि मैं योग-साधना में बने रहने का कितना ध्यान रखती हूँ और इस दिव्य संपर्क के कारण उनकी ओर प्रवाहित आध्यात्मिक प्रेम को वे महसूस करते हैं तो उन्हें ऐसा प्रतीत होता है, जैसे उनका उद्धार हो रहा है और वे स्वयं ऐसा संपर्क

स्थापित करने के लिए प्रेरित हो जाते हैं।

प्रसन्नता जैसा पोषण और कोई नहीं है। यह परम भोज है। भक्तगण ईश्वर को दु:ख निवारक और सुखदाता के रूप में स्मरण करते हैं तथा हम भी वैसे ही बन सकते हैं, लेकिन इस आनंद को निरंतर अनुभव करने के लिए हमें अंदर स्वच्छ-निर्मल रहना होगा। अपने जीवन में सादगी को अपनाकर, हम उस अमृत का पान करते रह सकते हैं, जो अमृत हमें ईश्वर देता है। उसके बाद कोई भी दूसरी चीज विष समान लगेगी। व्यसनों से संसार को भ्रष्टाचार, हिंसा, दु:ख और अशांति के सिवा मिला क्या है। शुद्धता शांति प्रदान करती है, शांति से प्रेम की प्राप्ति होती है और प्रेम प्रसन्नता लाता है।

सबकुछ ईश्वर के हाथों में

हमने जो कुछ अपने बाहर खोजा, उसे अब हमने अपने अंदर पा लिया है। एक बार शांति में बैठने पर जब इस अमृत का चस्का लग जाता है, तो हम बार-बार उसकी ओर खिंचे चले आते हैं। हृदय स्वाभाविक रूप से हमें अंदर की ओर खींचता है और तब हम अंतर्मुखता की एक अवस्था का अनुभव करते हैं। ईश्वर दिल में बसा हो तो सारा स्थान भर जाता है और फिर उसमें लोगों तथा स्थितियों के प्रवेश के लिए कोई जगह नहीं बचती है। बुद्धि स्थिर, अडिग और अचल हो जाती है। हम शक्तिशाली महसूस करते हैं। फिर चाहे कुछ भी होता रहे, हम नहीं हिलेंगे, लेकिन पल-पल गुजरते दृश्यों के प्रेक्षक बने रहेंगे। जीवन में परीक्षाएँ आती रहती हैं, लेकिन दृढता एवं विश्वास के साथ हम सुगमता से चलते जाते हैं।

जब हम खुद बदलते हैं, दूसरे भी अवश्य बदलेंगे, लेकिन हमें दूसरों के लिए चिंता करने की जरूरत नहीं होती है। उनके मामलों में क्यों दखल देना? हमें इस बारे में भी सोच-विचार करने की आवश्यकता नहीं है कि हमारे विचारों के अनुसार क्या होना चाहिए। सब कुछ तो ईश्वर के हाथों में है। यह सब एक खेल है। जीवन का सफर एक लंबा सफर है और हमें इसका आनंद लेना चाहिए।

फिर भी, संसार को ऐसे लोगों की जरूरत है, जो शांति की दशा में खामोशी से बैठ सकते हैं। जब हम ईश्वर के हाथ पकड़कर अपने अंदर का पुराना और सीमित सबकुछ समाप्त करके संतुष्ट रहते हैं, ईश्वर हमसे सबकुछ सही कराता

है। फिर दूसरे लोग भी हमारे साथ संतुष्ट होंगे। जब हम निश्चिंत और मुक्त रहते हैं, हमें ऐसी प्रतीति होती है, मानो हम ईश्वर को प्राप्य हैं, ताकि हमारे माध्यम से ईश्वर वे सब काम करा सके, जिन्हें किया जाना अनिवार्य है। ईश्वर हमसे वे काम भी कराएगा, जो हमारे अपने भले के लिए होते हैं। शुचिता की यही शक्ति और खूबसूरती है।

'मैं प्रयत्न करूँगा' या 'मुझे पता नहीं'··· सरीखे विचारों को चलता करें। ऐसे विचारों से संकेत मिलता है कि हृदय सच्चा नहीं है, ताकि आप भ्रम और अनिश्चितता को पकड़े रहें। विश्वास की ओर कदम बढ़ाएँ और अपना हाथ ईश्वर को सौंप दें। जो व्यक्ति ईश्वर की स्मृति में रहने का संकल्प करता है, वह दूसरों की कमजोरियों को मिटा सकता है।

शुद्ध ज्ञान

जब मैं परमेश्वर को याद करती हूँ, उस समय ऐसी अनुभूति होती है कि अब तक जो कुछ भी हुआ है, समय की धुंध में विलीन हो जाता है। मुझ पर उसकी कोई पकड़ नहीं है। मैं विद्यमान हूँ और निर्भीक हूँ। यह ऐसी अनुभूति है, मानो मैं ईश्वर की आँखों में बैठी हूँ और संपूर्ण ब्रह्मांड को उस तरह देखती हूँ, जैसे वह देखता है, अनासक्ति और प्रेम के साथ। सबकुछ भूत, वर्तमान और भविष्य इस शुद्ध ज्ञान में सम्मिलित है। इस अनुभव में खोए हुए, मैं जानती हूँ कि सबकुछ ठीक है। यदि मैं समस्याओं या स्थितियों के प्रति सजग रहती हूँ, तो ईश्वर मुझसे दूर हो जाता है।

परम पिता बहुत सच्चा, बहुत मधुर और बहुत प्यारा है। मैं उसकी हूँ और उसे अपने साथ रखती हूँ, मुझे इतना आनंद प्राप्त होता है, जितना भौतिक जगत् की कोई भी चीज मुझे नहीं दे सकती। ईश्वर के आध्यात्मिक प्रेम से जो संकल्प और शक्ति प्राप्त होती है, भौतिक प्रेम का स्थान ले लेती है और एक महान् विरासत खड़ी कर देती है। यह निर्वाण से कुछ कम नहीं है, अंदर सत्य का पुनर्स्थापन है।

परम पिता का प्रेम पाने योग्य बनने के लिए हमें हृदय की गहराई से प्रयत्न करना चाहिए। यह प्रयास सत ही नहीं हो सकता। पिता का प्रेम हमसे मन और बुद्धि को पूर्णतया मुक्त रखने की अपेक्षा करता है। हम पुरानी आदतों से चिपके नहीं रह सकते, जैसे कि दूसरे लोगों में स्वयं को भूल जाना या कार्य में व्यस्त हो जाना। यह एक बहुत उच्च अध्ययन है, जिसकी एक अनिवार्य

शर्त है कि किसी भी पुरानी बात या बीते समय या बीते कल से जुड़ी किसी भी घटना को कभी याद न करें।

हमें इस संबंध में बहुत सजग रहना चाहिए कि हमारा मन और बुद्धि किधर जा रहे हैं, क्योंकि विचार बहती धारा के समान चलते चले आते हैं। किसी भी समय हम जब कोई बात याद करते हैं, उसके साथ-साथ उसी प्रकार के दूसरे विचार या यादें भी जुड़ी चली आती हैं। उदाहरण के लिए, यदि हम कुछ निरर्थक या नकारात्मक बात याद करते हैं, तो उससे जुड़े अनेक दूसरे विचारों और भावनाओं का सिलसिला भी शुरू हो जाएगा, जिसके कारण हमारी आध्यात्मिक ऊर्जा का ह्रास होगा। जब हम ईश्वर का स्मरण करते हैं, तो इस अनुभव से संबद्ध विचार कि ईश्वर कौन है और वह क्या करता है, हमें ऊँचा उठाते हैं तथा अनेक प्रकार से हमें लाभान्वित करते हैं।

भीतरी खुशी और शक्ति उत्पन्न करना

दादी जानकी जोर देते हुए कहती हैं कि योग के लिए समय निकालना आवश्यक है। एकांत में बैठकर अंदर गहराई में जाएँ और आत्मा और परमात्मा को पहचानें और अनुभव करें।

ईश्वर के प्रेम को शब्दों में वर्णन करना आसान नहीं है। वास्तव में, हमें इसके बारे में बहुत अधिक सोचने की आवश्यकता भी नहीं है, अन्यथा हम इसका अनुभव नहीं कर पाएँगे। इसकी गहराई और गुणवत्ता को समझने के लिए, हमें इसके अनुभव में उतरना होगा, "मैं एक आत्मा हूँ, शरीर और सांसारिक संबंधों से विरक्त। संपूर्ण संसार जिसे जानना चाहता है, वह मेरा है। ईश्वर मेरे द्वारा अपना काम करा रहा है।"

हम अभी भी सोचते हैं और काम करते हैं, किंतु हमारे विचार उन्नत हैं तथा हम इस जागरूकता के साथ काम करते हैं कि ईश्वर सबकुछ कर रहा है, ताकि अहं की कोई सूक्ष्म भावना हमारे अंदर न आने पाए। अहं हमें क्षमाशील होने से रोकता है और करुणा के रास्ते में रोड़ा बनता है।

जब हम शोधक अर्थात् शुद्ध करनेवाले पिता का स्मरण करते हैं तो हम शुद्ध हो जाते हैं। हमारे विचार शुद्ध हों, तो सच्चाई के गंतव्य की ओर पहुँचने में हमारी प्रगति में कोई भी अड़चन नहीं आ सकती। सबके लिए शुद्ध एवं सकारात्मक विचार रखने का संकल्प करें। यह एक सुंदर प्रतिज्ञा है।

प्रत्येक आत्मा ईश्वर की संतान है। इस लक्ष्य को प्राप्त करने के लिए

हमें हमारे पास जो कुछ भी है—विचारों, समय और ऊर्जा—सब चीजों का एक स्नेहमय ढंग से उपयोग करते हुए निरंतर अपने अंदर प्रसन्नता एवं नैतिक शक्ति का निर्माण करना होगा तथा किसी भी चीज को ध्यान में नहीं रखना होगा। प्रेम सफलता का आधार है।

अंतर्मुखता के बिना हम कुछ भी महत्त्वपूर्ण काम नहीं कर सकते। इससे हृदय संतृप्त हो जाता है और बुद्धि एकाग्र हो जाती है। ईश्वर को हृदय से याद करो, फिर तुम्हें कुछ और याद नहीं आएगा। इसके फलस्वरूप, आत्मा के अंदर ऐसी शक्ति का निर्माण होता है कि हम एक नए संसार के निमित्त एक नई चेतना का हिस्सा बनने योग्य हो जाते हैं। हम एक पुराने घर के अंदर बैठे हुए हैं, लेकिन हमारा कार्य एक नया घर बनाना है। अंतत: सारी दुनिया इस कार्य में सहयोग करेगी।

ईश्वर को जानने में बहुत कुछ प्राप्त होता है और इसे अनुभव करने का यही समय है। और अधिक प्रेम के साथ मिठास का स्वाद चखो। यह सफलता इतनी महान् है कि यह हमारे लिए सदैव उपयोगी सिद्ध होगी।

अंतर्मुखी बनो! अंतर्मुखी व्यक्ति प्रसन्न रहता है और प्रसन्नता बाँटता है। शुद्धता अद्‌भुत गुण है। हम जीवन की एक तीर्थयात्रा पर हैं और समय किसी के लिए रुकेगा नहीं। जीते-जागते या मरते हुए हम निरंतर जानने, अनुभव करने और आनंद लेने में मग्न रहते हैं। यदि हम हर समय खुश रहते हैं, तो हमें एक अच्छी मृत्यु प्राप्त होगी। जीवन अच्छी तरह जिया जाए, तो मृत्यु आसान हो जाती है।

□

7

सकारात्मकता की शक्ति

'बचपन के दिन भुला न देना
लंबे हैं जीवन के रास्ते
आओ चलें हम गाते-हँसते
दूर देश एक महल बनाएँ
प्यार का उसमें दीप जलाएँ'

सामान्य परिस्थितियों और प्रतिदिन की सजगता में वस्तु या पदार्थ एक-दूसरे के संबंध में स्वतंत्र रूप से विद्यमान रहते हैं। एक अणु एक अणु होता है, एक मेज एक मेज होती है और एक व्यक्ति एक व्यक्ति होता है। तथापि प्राचीन ज्ञान और आधुनिक भौतिक शास्त्र से हमें पता चलता है कि वस्तुएँ इतनी पृथक् होती नहीं हैं, जितनी पृथक् वे दिखती हैं; अपितु इसकी बजाय वे उन्हीं सूक्ष्म क्षेत्रों के अंदर मौजूद रहती हैं, जो अंततः समस्त ब्रह्मांड को एक अखंडित संपूर्ण में जोड़ती हैं।

परंपरागत धार्मिक और रहस्यात्मक उपदेश, विशेषकर लोगों के बीच एक अंतर्संबद्धता की ओर संकेत करते हैं, जिनकी उपेक्षा या अवहेलना करना स्वयं के लिए खतरा मोल लेना है। यदि हम धोखाधड़ी द्वारा दूसरों को नुकसान पहुँचाते हैं या उनसे चोरी करते हैं या उनके प्रति नकारात्मक विचार रखते हैं, तब भी उनके साथ-साथ हम अपना भी नुकसान करते हैं। दैहिक-चेतना के कारण इस आध्यात्मिक सिद्धांत को पहचान न पाना भी एक कारण है, जिसके फलस्वरूप बहुत लोगों के

लिए जीवन इतना कठिन हो गया है।

ईसाई धर्म में The Lord's Prayer के व्यापक रूप से प्रयोग किए जानेवाले एक वृत्तांत में यह पंक्ति शामिल है, "हमें हमारे अपराधों के लिए क्षमा करें, क्योंकि हम उन्हें क्षमा कर देते हैं, जो हमारे विरुद्ध अपराध करते हैं—Forgive us our trespasses, as we forgive them trespass against us." 'Trespass' शब्द का अर्थ इस संदर्भ में कोई अपराध, पाप या कुकृत्य होता है, लेकिन आधुनिक अंग्रेजी में अधिकतर लोग इसे किसी की भूमि में अनधिकृत रूप से प्रवेश करने के अर्थ में लेते हैं। इससे हमें गलत कार्य की प्रकृति के अंदर झाँकने का मौका मिलता है। पाप किसी के कहने भर से पाप नहीं बन जाते हैं। ये ऐसे कार्य होते हैं, जो हानि या चोट पहुँचाने के कारण बनते हैं, जब हम किसी दूसरे व्यक्ति के स्थान में बलात् प्रवेश या 'अतिक्रमण' करते हैं और ऐसा कार्य मानसिक तथा शारीरिक भी हो सकता है। जब हम पाप के विषय में इस ढंग से सोचते हैं, तो यह बात अधिक स्पष्ट हो जाती है कि इसमें बलात् प्रवेश के वे सूक्ष्म प्रकार भी शामिल हो सकते हैं, जिनकी ओर बहुत लोग अंधे बने रहते हैं।

दूसरे लोगों की दुर्बलताओं व अवगुणों के बारे में लंबी हाँकना या गपशप करना इस प्रकार का एक सामान्य 'अतिक्रमण' है। आलोचनात्मक विचार, स्वयं ही ईश्वर के साथ संपर्क साधने की हमारी क्षमता में विघ्न डालते हैं। वे हमें दिव्य-शक्ति के साथ स्वर-संगति नहीं करने देते हैं। परिणामतः जब हम दूसरों को आलोचनात्मक दृष्टि से देखते हैं, हम स्वयं समय नष्ट करते हैं और तत्काल नुकसान उठाते हैं।

तथापि नुकसान अधिक गहरा जाता है। हम सबको जोड़नेवाले अंतर्संबंधों के कारण, उनकी ओर बना रहनेवाला एक दुराग्रही नकारात्मक रवैया उन तक पहुँच सकता है और उन्हें प्रतिकूल हो प्रभावित कर सकता है। यह उनके मानसिक आकाश में एक बलात् प्रवेश के समान है, जो उनको सूक्ष्म ऊर्जा की अनचाही क्षति पहुँचाता है। यद्यपि संभव है, प्रभाव उनकी सजग चेतना में प्रवेश न करे, फिर भी यह प्रभाव वहाँ रहता है। उनके साथ आपका संबंध परेशानी में पड़ जाएगा और किसी समय आपको भी अपने बलात् प्रवेश के परिणाम भुगतने पड़ सकते हैं।

यदि कुछ पूर्वी परंपराओं की भाषा में कहें तो आपने उस व्यक्ति के साथ एक 'कर्म खाता' खोल लिया है। यह ऐसा है, मानो आपने उनके आध्यात्मिक खाते से कोई अनधिकृत आहरण (अवैध रूप से राशि निकालने का काम) किया हो। आपने जो कुछ किया है, उसका हिसाब-किताब वहाँ मौजूद है और अंततः

आपको वह ऋण चुकाना पड़ेगा।

हो सकता है, आपको यह मामूली बात लगे, लेकिन यदि आप नहीं समझेंगे कि आप जो कर रहे हैं, ठीक नहीं कर रहे हैं, तो इस प्रकार के आहरण की पुनरावृत्ति एक संबंध को नष्ट कर सकती है। यह जीवन और वास्तविकता के बारे में टूटे-फूटे, विच्छिन्न दृष्टिकोण का एक त्रासद परिणाम है, जिसके लिए दैहिक-चेतना जिम्मेदार है।

क्षमाभाव का महत्त्व

जैसा कि ईश्वर की प्रार्थना (लॉर्ड्स प्रेयर) से संकेत मिलता है, इन आध्यात्मिक ऋणों का निपटान करने और नए ऋण चढ़ने से रोकने में क्षमाभाव प्रमुख भूमिका निभाता है। क्षमाभाव न केवल अपने आपको अपितु दूसरों को भी बहुत संरक्षण प्रदान करता है। यह क्रिया और प्रतिक्रिया के दुश्चक्रों को समाप्त कर देता है। यही कारण है कि हम भारत के गांधीजी और दक्षिण अफ्रीका के नेल्सन मंडेला जैसे महान् नेताओं के सहज ही प्रशंसक बन जाते हैं। अपने उत्पीड़कों के प्रति सकारात्मक मानसिकता बनाए रखकर उन्होंने चमत्कार कर दिखाए।

गांधीजी और मंडेला, दोनों ने मन और उद्देश्य की ऐसी शक्ति प्राप्त करने हेतु अथक प्रयास किए, जिनका सहारा लेकर वे अपने लक्ष्यों को हासिल कर सके, आंशिक रूप से ही सही।

दादी जानकी का कहना है—

> उस काम की कल्पना करें, जो काम ईश्वर को करना है, उन उद्देश्यों को पूरा करने के लिए करना है, जो उसने ब्रह्माबाबा के दिव्य ज्ञान के माध्यम से प्रकट किए हैं। ईश्वर चाहता है कि हम सार्वजनिक शांति के एक संसार की ओर लौटने योग्य बनें। ईश्वर यह काम हम मनुष्यों के जरिए कराता है। इससे हमें अपने आध्यात्मिक प्रयासों में यह समझना आसान हो जाता है कि अपने विचारों एवं भावनाओं में सकारात्मक विकल्पों के जरिए हम यदि बूँद भर सुधार भी इस संसार में ला सकते हैं तो वह इस उद्देश्य की पूर्ति में एक महत्त्वपूर्ण योगदान सिद्ध हो सकता है।
>
> तीन बुद्धिमान बंदरों की मूर्ति के बारे में कौन नहीं जानता है, जिन्हें 'बुरा मत देखो, बुरा मत सुनो, बुरा मत बोलो' सिद्धांत का प्रतीक माना जाता है। कभी-कभी एक चौथा बंदर भी होता है, जो 'बुरा मत करो' सिद्धांत का प्रतीक है। मैं इसमें एक और बात जोड़ना चाहूँगी कि हमें बुरा नहीं सोचना चाहिए।

तथापि एक सच यह भी है कि यदि हम बुरा देखेंगे नहीं तो उस बुराई से हम अपनी रक्षा कैसे कर सकते हैं? क्या हम उसके वशीभूत नहीं हो जाएँगे?

रहस्य है 'देखकर भी नहीं देखना'। आध्यात्मिक ज्ञान हमें नकारात्मकता को स्पष्ट रूप से देखने देता है और इसके साथ हमें उस व्यक्ति के प्रति एक सकारात्मक दृष्टिकोण बनाए रखने के लिए भी कहता है। फिर हमें दूसरों के बारे में बोलकर नकारात्मकता फैलाना तो दूर, किसी के दोषों को अपने दिल या मन में रखने की भी आवश्यकता महसूस नहीं होगी।

हम दूसरों में दोष देखने और नुक्ताचीनी करने की प्रवृत्ति में तभी तक ग्रस्त रहते हैं, जब तक हमें ऐसे ही दोष अपने अंदर खोजने का अवसर नहीं मिलता है। जब हम इस प्रतिक्रिया से मुक्त हो जाते हैं, तब हम परिस्थितियों को शांतिपूर्वक सही परिप्रेक्ष्य में रखने, सहज एवं खुले रूप में संवाद संप्रेषण करने से कतराएँगे नहीं, किंतु बहुत विस्तार में जाने की भी जरूरत नहीं होगी।

मैंने जब कराची में पहली बार आध्यात्मिक समाज में जाना शुरू किया, ब्रह्माबाबा ने मुझे 'बेबी भवन' नामक एक भवन में जाकर 40 से अधिक बच्चों की देखभाल करने का काम सौंप दिया। उन बच्चों की माताएँ बहुत खुश हो गईं, क्योंकि अब उन्हें उस काम से फुरसत मिल गई थी। यदि बच्चे कोई गलती करते, तो मैं कहती, 'ठीक है, आज खाने के लिए कुछ नहीं मिलेगा।' वे विरोध करते और मैं उन्हें क्षमा कर देती, इस शर्त पर कि वह गलती वे दुबारा नहीं करेंगे। इस तरह वे बहुत सुशील हो गए।

मूलभूत अच्छाई पर ध्यान देना

ब्रह्म कुमारियों के उपदेशों में तत्त्व की बात यह है कि ईश्वर के गुणों, प्रेम, शांति तथा आनंद का अंश सभी आत्माओं की मूल प्रकृति में विद्यमान रहता है और यह भी कि आत्मा की 'बैटरी' में मौजूद यह धनात्मक (पॉजीटिव) चार्ज समय के चलते कमजोर पड़ जाता है। इस बोध के रहते, जब बुराई से हमारा सामना होता है, हम आत्मा में मौजूद उस मौलिक अच्छाई पर भी ध्यान दे सकते हैं। यह उस दूसरे व्यक्ति की नकारात्मकता को हलका कर देती है। यह हमारी भी रक्षा करती है। यह एक प्रकाश के समान है, जो अंधकार को दूर रखता है। इसकी बजाय यदि हम क्रुद्ध या दुःखी हो जाते हैं, तो समस्या बढ़ जाती है। एक जापानी कहावत इस दशा को बड़े ठीक ढंग से प्रस्तुत करती है, "जब बुराई का जवाब बुराई से दिया जाता है, तब केवल बुराई ही जीत सकती है।"

फिर भी कुछ लोग आत्मसम्मान में इतने अभावग्रस्त हो गए हैं कि उनकी तुलना अँधेरे छिद्रों से की जा सकती है, जो रोशनी खींचते तो हैं, लेकिन बदले में देने के लिए उनके पास कुछ भी नहीं होता है। हमें सावधान रहना चाहिए कि किसी दूसरे व्यक्ति के साथ हमारा संबंध हमें इस तरह से निचोड़कर न रख दे। हमारे प्रति ये अतिक्रमण, विशेषकर वे जो हमारी जानकारी में न हों, हमारी अपनी आंतरिक शक्ति को खोखला कर सकते हैं और आत्मा का ह्रास कर सकते हैं। ऐसी कमजोरियाँ फिर हमें नकारात्मक प्रभाव के प्रति और अधिक संवेदनशील व नाजुक बना देती हैं तथा एक दुश्चक्र आरंभ हो जाता है। यही वह स्थिति है, जिसमें प्रतिक्रिया करने का सबसे अधिक खतरा रहता है और हमारी यह प्रतिक्रिया संभवत: विस्फोटक हो सकती है तथा उसके परिणाम दूर तक जा सकते हैं।

दादी कहती हैं कि मैं जब ऐसे उपदेश करती हूँ, लोग कभी-कभी मुझसे कहते हैं—

''आपको नहीं पता कि यह आदमी किस तरह का है।'' मैं उनसे पूछती हूँ, ''क्या तुम सोचते हो कि मैंने अपना सारा जीवन अकेले व्यतीत किया है?'' मैं सभी तरह के लोगों के साथ रही हूँ। हमें समझना चाहिए कि जब तक हम सद्भावपूर्ण ढंग से साथ रहना नहीं सीखेंगे, तब तक दु:ख हमें सताता रहेगा।

हमें प्रत्येक दिन या वस्तुत: जीवन भर जिन अनेक उत्तेजक स्थितियों का सामना करना पड़ सकता है, उनके सामने सकारात्मक बने रहने का सामर्थ्य हम कैसे प्राप्त कर सकते हैं? बुद्धि और समझ का उपयोग करते हुए हमें न केवल यह सुनिश्चित करना चाहिए कि हम दूसरों को दु:ख देने का कारण न बनें, बल्कि इसके साथ ही, हमारे लिए यह जानना भी अत्यावश्यक है कि हम किस तरह स्वयं को दु:ख देने से बचें। यहीं आकर ईश्वर के साथ संबंध अत्यंत महत्त्वपूर्ण हो जाता है। अपने परिवार के प्रति ईश्वर की दृष्टि निरंतर सकारात्मक रहती है। ईश्वर अनुपम है। जब हम उसकी संगति में होते हैं, उससे बढ़कर कुछ और नहीं होता है। चाहे कितनी भी दुर्बलताएँ आत्मा में घुस जाएँ, सर्वशक्तिमान जानता है कि वे सच में वैसे नहीं हैं।

इसके अलावा भौतिक लोक के परे अपने श्रेष्ठ स्थान से वह सारा तमाशा देखता है और जानता है कि इसके अंदर जो कुछ भी चल रहा था, उसका संपूर्ण के अंदर अपना उद्देश्य और महत्त्व है। ईश्वर इस असीमित का स्वामी

है। मैं जब उसे देखती हूँ, मैं भी अपनी चेतना में इस असीमित वैश्विक कुटुंब को थामे रहती हूँ। ईश्वर की दृष्टि अंतहीन प्रेम की दृष्टि है और जब हम अपने 'अंदर जाते हैं' तथा उसे अपने साथ रखते हैं, हमें भी वैसा ही आनंद प्राप्त होता है। यह शक्ति हमारे चारों ओर एक ऊर्जा क्षेत्र का निर्माण करती है, जो नकारात्मक प्रभाव के विरुद्ध बहुत अधिक रक्षात्मक होता है। इसमें अप्रिय दृश्य आएँगे, किंतु हम शीघ्र ही उन्हें भूल सकेंगे और आगे बढ़ते रहेंगे।

इसके साथ ही हमारे अंदर से सकारात्मक ऊर्जा प्रवाहित होती है और दूसरों के लिए वास्तव में सहायक होती है। हम उन्हें वैसे ही स्वीकार कर लेते हैं, जैसे वे हैं। हम उनकी कमजोरियों को देखने की बजाय उनकी क्षमताओं को देखते हैं। उनकी नकारात्मकता के प्रति निरापद रहते हुए हम न तो उनसे गुस्सा होंगे और न ऐसा महसूस करेंगे कि हमें उनसे दूर रहना चाहिए। न हम उनके लिए उत्तरदायी होंगे। उनकी अपनी-अपनी भूमिकाएँ हैं, जो उन्हें निभानी हैं।

महान् जीवन की कुंजी

जब हम अपनी आत्मा के दीप को जलाए रखने पर ध्यान देते हैं, ताकि उसका प्रकाश पूरी चमक के साथ व्याप्त रहे, यह सकारात्मक ऊर्जा तब निश्चित रूप से दूसरों की सहायता करेगी। तथापि हमको यह महसूस नहीं होगा कि हमने कुछ किया है। हम करनेवाले कौन होते हैं, जो कुछ करती है, दिव्य-ज्योति करती है। आत्म-चेतना में हमारे अंदर ऐसी भावना विकसित हो जाती है कि आत्माओं के अंदर शक्ति पुन:स्थापित करने के कार्य में हम ईश्वर मददगार बने हुए हैं। यह काम हम स्वयं नहीं कर सकते।

फिर भी दूसरों के प्रति ऐसी निर्मल भावनाएँ उनसे आशीर्वाद लेकर यथासमय स्वत: हमारे पास लौट आती हैं, जिसके फलस्वरूप हमारा अपना आत्म-विकास तथा आत्म-सम्मान और उन्नत हो जाता है एवं दूसरों की दृष्टि में हमारा महत्त्व बढ़ जाता है। संभव है, इन आशीर्वादों की ओर हमारा ध्यान न जाए, किंतु ये वहाँ रहेंगे अवश्य; ठीक उसी तरह, जिस तरह हम उन लोगों की दुर्भावनाओं के कारण अंतत: अपमानित महसूस करेंगे, जिनका हमने कुछ बुरा किया है।

इन थोड़े से शब्दों में, आपके लिए महान् जीवन की कुंजी छिपी है।

मत सोचो कि तुम यह नहीं कर सकते। यह काम आसान है, क्योंकि यह स्वाभाविक है। हमें केवल यह पहचान करने की आवश्यकता होती है कि आत्माओं के रूप में हम कौन हैं और हमारे अंदर कौन-कौन सी सुंदर चीजें हैं। उस परमात्मा के लिए प्रेम, जिससे हमारा नाता है और अपने विचारों, वचनों तथा कार्यों में अधिक-से-अधिक उसके जैसा बनकर उस परम पिता का सम्मान करने की दृढता।

शक्तिशाली विचार शुद्ध, शांतिपूर्ण, उदात्त और दृढ होते हैं। वे दूसरों को भी शांतिपूर्ण बनाते हैं। कमजोर तथा व्यर्थ विचार हमें नीचे गिराते हैं। वे हमारी भावनाओं का मान कम करते हैं और हमारी सुख-समृद्धि का ह्रास अधिक करते हैं। इसी प्रकार, हमें यह ध्यान रखना चाहिए कि हम हठी या झगड़ालू बन और दूसरों में व्यर्थ विचार उत्पन्न करने का कारण न बनें। हम जो कहते हैं, वह बात यदि किसी व्यक्ति को स्वीकार्य नहीं है, तो भी हमें नरम बने रहना चाहिए, इससे कोई अंतर नहीं पड़ता है। किसी को दु:खी मत करो, न किसी को हम दु:खी करने का अवसर दें। सबकुछ ठीक होगा, क्योंकि ईश्वर स्वयं हमारे साथ है। ईश्वर से जो मिले, उसी को अंतर्मन से स्वीकार करें।

ईश्वर ने मुझे ईमानदार और सच्चा बनना सिखाया तथा मुझे प्रेम एवं सच्चाई का सहारा दिया। प्रेम और सच्चाई की गहराई में जाओ, अपने हृदय से उनकी खोज करो। यह और कुछ भी नहीं है।

□

8

ईमानदारी की शक्ति

'लड़ाई कमजोर और बलवान की
यह लड़ाई है दीये और तूफान की।'

सामान्य शब्दों में वैज्ञानिक ऊर्जा की व्याख्या किसी पद्धति के काम करने की क्षमता के रूप में करते हैं। शक्ति का तात्पर्य उस गति से है, जिस गति पर वह काम किया जाता है। किसी भी पद्धति में ऊर्जा वही रहती है, किंतु शक्ति घट जाती है, जब ऊर्जा अपव्ययी हो जाती है।

आध्यात्मिक रूप से, राजयोग की प्रथा इसी ढंग से काम करती है, किंतु एक विपरीत दिशा में। हम एक उच्चतर शक्ति से जुड़कर स्वयं को पुनः ऊर्जित करते हैं। आध्यात्मिक शक्ति गति की अपेक्षा सुसंगति तथा सामंजस्य से अधिक सरोकार रखती है। यह चीजों को पुनः एक साथ जोड़ देती है और उन्हें पूर्ण बना देती है। इस संपूर्णता में शक्ति होती है, जो इसकी सच्चाई के कारण होती है। पारस पत्थर के स्पर्श से जिस प्रकार मूल धातु स्वर्ण में बदल गई, उसी प्रकार हमारे अंदर ईश्वर का 'स्पर्श' उसकी उच्चतम दृष्टि का स्पर्श है, जो आमूल-चूल परिवर्तन अर्थात् कायाकल्प की प्रक्रिया प्रारंभ करता है।

जागृति एक नहीं बल्कि विविध स्रोतों से आ सकती है। दादी जानकी और अनेक दूसरे लोगों को ब्रह्माकुमारी आंदोलन के आरंभिक दिनों में इसका अनुभव हुआ, जब ब्रह्माबाबा ने परमात्मा से प्राप्त शक्ति से उन्हें इतना भर दिया कि वे बिना प्रयास के ही आत्मज्ञान एवं परम आनंद की अवस्था में पहुँचा हुआ महसूस

करने लगे। कभी-कभी लोग अब भी ऐसा ही अनुभव करते हैं, जब वे दादी के साथ होते हैं या उन लोगों के साथ, जिन्होंने ईश्वर से इतना कुछ पाया है कि उनकी आँखों और चेहरे से दिव्य दीप्ति चमकती है।

यह 'स्पर्श' चेतना की विस्तृत अवस्था में से भी आ सकता है, जैसा कि निकट मृत्यु अनुभव अथवा अन्य संकटग्रस्त जीवनानुभव में बताया गया है। जिन कुछ लोगों ने जीवन से परे जाकर 'ईश्वर की श्वास' के परम आनंद का अनुभव किया, निकट मृत्यु अनुभव में जिसका वर्णन इसी रूप में किया गया है। उन्होंने महसूस किया कि उन्हें सामान्य लोक में वापस जाने का संकेत मिला है, ताकि वे एक नए ढंग से जीवन व्यतीत कर सकें और दूसरों को अधिक गहरी वास्तविकताओं के पहलुओं से अवगत करा सकें। कैंसर रोगी तथा वे लोग, जिन्हें प्राणघातक बीमारी से ग्रस्त बताया गया है, अकसर कहते हैं कि उन्होंने जीना तो असल में उस क्षण से शुरू किया, जब उन्हें पता चला कि वे मरनेवाले हैं।

अपनी खोई सत्यनिष्ठा पुनः प्राप्त करना

तथापि दैहिक चेतना विषैले विचारों एवं धारणाओं की एक ऐसी विरासत लेकर आई है कि मुक्त होने के लिए हमें जिसको भुगतना होगा, समझना होगा और दूर करना होगा। जिस समय हमने भौतिक क्षेत्र के साथ अत्यधिक तादात्म्य स्थापित किया और आत्मा को भुला दिया, तभी से हमने ऐसे विचारों एवं विश्वासों को पनपने दिया, जो 'मैं' और 'मेरा' के हिफाजती अर्थात् रक्षक थे, किंतु जिनका आत्माओं के रूप में हमारे मौलिक गुणों से विरोध भी था। परिणाम यह हुआ कि हम अपनी ईमानदारी, सत्यनिष्ठा खो बैठे, जिसके अंदर शांति का बसेरा होता है।

यह विषैली विरासत सदियों से हमें तकलीफ दे रही है। कभी-कभी इसे संस्कृति के रूप में हमारे बीच उतारा गया और कभी यह आत्मा के अंदर ही चली आई। एक जीवन में किए गए नकारात्मक (और सकारात्मक) कार्य अगले जन्म में हमारी प्रकृति एवं हमारे चरित्र को प्रभावित करते हैं।

यदि हमें सशक्त और सुखी बनना है तो हमें इस विष को मिटाना होगा, क्योंकि दैहिक चेतना की सोचने और महसूस की आदतें बार-बार एक दिव्य-शक्ति के साथ हमारे संबंध को तोड़ देती हैं, जो हमें नया जीवन दे सकती है। जब हमें परमात्मा का सच्चा ज्ञान हो जाता है और हम उससे जुड़ जाते हैं, समझदारी से भरे-पूरे होते हैं एवं सच्चाई की शक्ति को अपने कार्यों में उतारते हैं, तो यह स्वतः ही कुछ धूल-मिट्टी को नष्ट कर देती है और निकाल देती है।

तथापि सोचने-समझने और महसूस करने की कुछ नकारात्मक प्रवृत्तियाँ बहुत पहले से जमी होती हैं और उन्हें हटाना बहुत कठिन हो सकता है। वे बार-बार हमारा संबंध तोड़ देती हैं। अत: उनकी पहचान करने तथा उन्हें दूर करने के लिए सच्चे आत्मपरीक्षण की जरूरत होती है।

दादी कहती हैं कि ऐसा करने का सबसे अच्छा तरीका यही है कि हम नियमित रूप से शांतिपूर्वक चिंतन-मनन के लिए समय निकालें।

> हमें अपने अंदर झाँकने और यह देखने की आवश्यकता है कि मन का जब परमात्मा से संपर्क टूटता है, ध्यान भंग हो जाता है तथा मन में अशांति एवं असंतुष्टि आ जाती है, उस समय मन किधर जा रहा होता है। नियमित निरीक्षण के जरिए हम इस प्रवृत्ति में परिवर्तन लाने के लिए और अधिक शक्ति विकसित कर सकते हैं।
>
> एक बार किसी ने मुझसे पूछा कि योग में आप क्या करते हैं? मैंने उत्तर दिया कि मैं अपना दर्पण साफ करती हूँ। ईश्वर क्या देखेगा, जब वह मुझ पर दृष्टि डालेगा? मैं चाहती हूँ कि उसके सामने मेरी एक सुंदर छवि हो। जब हम इस प्रकार का सच्चा प्रयास करते हैं, तो ऐसा अनुभव होता है कि ईश्वर हमारे ऊपर और भी अधिक प्रेम बरसा रहा है तथा अपनी लीक से हटकर हमारी मदद कर रहा है।
>
> ईश्वर ने मेरा उत्थान किया और मुझे एक अच्छे जीवन का दर्शन कराया।

नाम और प्रसिद्धि के लिए अहं की भूख

माउंट आबू, (राजस्थान) में स्थित ब्रह्मकुमारियों के मुख्यालय में भोजनकक्ष के अंदर एक संकेतपट्ट टँगा हुआ है, जिस पर लिखा है कि 'अहं सभी दुखों की जड़ है।' वस्तुत: अहं झूठा आत्मबोध होता है, जो दैहिक-चेतना के साथ आता है, इस झूठे आत्मबोध के कारण हम अपनी उच्चतर प्रकृति सच्चे आध्यात्मिक अस्तित्व को देख नहीं पाते हैं और इस प्रकार निष्ठा संबंधी आंतरिक विरोध उत्पन्न होते हैं, जो अंतत: हमको खंड-खंड कर सकते हैं।

अहं को हम इसके द्वारा हमें तथा दूसरों को दी गई अशांति, विघ्न-बाधा से पहचान सकते हैं। अहं मनोनुकूल स्थिति और हमारे दिमाग तथा सीमित व्यक्तित्व के कार्य करने के तरीके पर आधारित होता है, न कि आत्मा के मौलिक गुणों पर। चूँकि यह रेत पर बना एक मकान होता है, इस कारण यह हमेशा असुरक्षित रहता है और अपने बचाव में लगा रहता है।

अहं अपने आपको सही मानने की जिद पर अड़ा रहता है। यह झुकना नहीं जानता। यह हमें दु:खी कर देता है, जब दूसरे लोग वैसा व्यवहार नहीं करते हैं, जैसे व्यवहार की हम उनसे अपेक्षा रखते हैं। इससे ईर्ष्या उत्पन्न होती है और निंदा करने की प्रवृत्ति बन जाती है। यह दूसरों को नीचा दिखाने के लिए सदैव तत्पर रहता है। यह हार्दिक एवं सकारात्मक भावनाओं के प्रवाह को रोक देता है, जो मानव स्वभाव के मौलिक गुण होते हैं।

कभी-कभी अहं महसूस कराता है कि हमें दुनिया में स्वयं को साबित करना चाहिए। अहं हमें सामाजिक या आर्थिक हैसियत हासिल करने के लिए अधिक कठोर परिश्रम हेतु दौड़ाता रहता है, ताकि हम यह समझ ही न सकें कि हमारा जीवन असंतुलित है। अंतत: हम अपनी नैसर्गिक क्षमताओं के परे धकेल दिए जाते हैं और फिर हम संकट की स्थिति में पहुँच जाएँगे। हमारा स्वास्थ्य और हमारे संबंध, दोनों खराब हो सकते हैं।

अहं आत्मा को झूठा सहारा देता है। यह प्रजातीय या राष्ट्रीय श्रेष्ठता संबंधी विचारों को जन्म देता है। यह हमें कहता है कि अपने परिवार, धर्म या देश की खातिर दूसरों को चोट पहुँचाने या उनकी उपेक्षा करने में कोई बुराई नहीं है।

अहं प्रशंसा और मान-सम्मान पाने, नाम तथा प्रसिद्धि कमाने की भूख पैदा करता है। जब यह सब नहीं मिलता है, तो अपमानित किए जाने की भावनाएँ आ जाती हैं। जब यह लगने लगता है कि आकांक्षाएँ कभी पूरी नहीं होंगी, तो क्रोध उपजता है और अंतत: व्यक्ति अवसाद में चला जाता है, हतोत्साहित हो जाता है।

दर्पण की सफाई

निस्संदेह, आप कह सकते हैं, अहं से ग्रस्त होना मानवीय दशा का सिर्फ हिस्सा है। तथापि लालायित अहं कोई आवश्यक हिस्सा या भाग नहीं है। यह मानव चरित्र की एक विकृति है, जो हमारे जीवन में उस समय घुस बैठी, जब दैहिक चेतना ने हमें जाल में फँसाया और हम अपना देवत्व भूल गए।

हम देख सकते हैं कि कुछ लोग कैसे बुरी तरह अहं की माँगों के अधीन हो जाते हैं; हालाँकि इसके कारण उन्हें असुरक्षा और पीड़ा ही मिलती है, जबकि दूसरे लोग उनकी अपेक्षा बंधनमुक्त रहते हैं। इस बात से भी सिद्ध हो जाता है कि हमें इसे जीवन का एक अनिवार्य हिस्सा मानने की कोई जरूरत नहीं है।

जब एक बार हमें अहं के विभिन्न रूपों की पहचान हो जाती है और हम नियमित रूप से तथा सच्चाई से इस बात की जाँच-पड़ताल करते हैं कि यह हमारे

अंदर किस दिशा में जाने के लिए नकारात्मक रूप से काम कर रहा है, तो हम इसे अशक्त करना आरंभ कर सकते हैं। इसका मुख्य संकेत वह पीड़ा है, जो यह हमें देता है। राजयोग की खूबसूरती अथवा विशिष्टता यह है कि राजयोग हमें अहं द्वारा उत्पन्न संकीर्ण आत्मबोध से छुटकारा पाने का एक शुद्ध विकल्प प्रदान करने के साथ-साथ यह ज्ञान भी देता है कि अहं आता कहाँ से है।

ब्रह्माकुमारी आंदोलन के आरंभिक काल में दादी जानकी को एक बहन ने विशेष रूप से प्रेरित किया, जिसे वे माँ कहा करती थीं।

> वह आयु में मुझसे छोटी थी, लेकिन हम सबने एक विशेष अर्थ में उसे अपनी माँ स्वीकार कर लिया था, क्योंकि वह बहुत ध्यान रखती थी और उसका व्यवहार अत्यंत स्नेह भरा था। एक बार मैंने उससे पूछा कि वह ऐसी कैसे बन सकी, तो उसने उत्तर दिया कि यह परिवर्तन उसमें तब आया, जब उसे अपनी गलतियों का एहसास होने लगा। हमें समझना चाहिए कि हमसे कब क्या गलती हुई है, बजाय इसके कि हम उस गलती का फल भुगतने से बचने के लिए इस बात पर ध्यान देने लग जाएँ कि दूसरे लोग क्या कर रहे हैं।
>
> माँ कहा करती थी कि वह अपने मन का ध्यान ऐसे रखती है, जैसे कोई अपने बच्चे का ध्यान रखता है। फिर मन रूपी बच्चा ठीक व्यवहार करेगा, अन्यथा यह घुमक्कड़ हो जाएगा और तकलीफ देगा।
>
> हम एहसास शब्द को 'असली आँख' के अर्थ में ले सकते हैं, स्वयं को देखनेवाली आँखें। जब हम समझ के साफ-सुथरे दर्पण में देखते हैं, तब हम महसूस कर सकते हैं और बदल सकते हैं। यह एक अमूल्य अभ्यास है, जो हमें मूल्यवान बनाता है, क्योंकि इससे हमें दूसरों को समझने की योग्यता प्राप्त होती है।
>
> अपने दर्पण की नियमित रूप से सफाई करें और तब आप देख सकेंगे कि ईश्वर की संतान के रूप में, आप कितने सुंदर लगते हैं। दर्पण साफ नहीं करेंगे, तो पाएँगे कि आप का मन और आप की बुद्धि लोगों तथा स्थितियों में फँसी हुई है। अपना मुखड़ा ईश्वर के हृदयरूपी दर्पण में देखें, जो आपकी कमजोरियों को उजागर करता है और उन्हें साफ भी कर देता है।

जीवन के योग्य

ब्रह्म कुमारियों के मतानुसार, ईश्वर का उद्देश्य हमारे आत्मबोध को पूर्ण रूप से नष्ट करना नहीं है, जैसा कि कुछ धार्मिक परंपराएँ करने का प्रयास करती

हैं। उद्‌देश्य इस संसार से स्थायी मुक्ति के लिए प्रयास करना नहीं है, बल्कि आत्मा में सच्चाई की इतनी अधिक शक्ति का विकास करना है, ताकि हम स्वयं को सत्य के स्वर्णिम युग में लौटने योग्य बना सकें, जैसी कि ब्रह्माबाबा ने पूर्वकल्पना की थी।

यदि आप ऐसे किसी भावी संसार की कल्पना न भी कर सकें, तब भी आप वर्तमान काल में सत्यनिष्ठा के साथ जीवन व्यतीत करने की अपनी क्षमता को पुनः प्राप्त करने की इच्छा कर सकते हैं, बशर्ते कि ऐसा करने हेतु आपने ईश्वर का 'स्पर्श' प्राप्त कर लिया हो।

हंपटी-डंपटी की तरह, हम दीवार से गिर पड़े और जैसा कि पुरानी अंग्रेजी तुकबंदी में कहा गया है—

बादशाह के सारे घोड़े और बादशाह के सारे आदमी मिलकर भी
हंपटी को दुबारा चढ़ा नहीं सके दीवार पर किसी तरह भी।

सम्राट् स्वयं अर्थात् परमात्मा ही, हमें संपूर्ण बना सकता है। ईश्वर की दृष्टि सर्वोच्च की दृष्टि होती है। जब हम एकांत में बैठकर और प्रेमभाव से, अपना मन उससे जोड़ते हैं, हमें पता चल जाता है कि अपने अंदर हमें किस परिवर्तन की आवश्यकता है। जब हम उसकी शांति की शक्ति को अपने कार्यों में प्रवृत्त करते हैं, हमारे जीवन पुनः एकीकृत हो जाते हैं, उनमें समझदारी आ जाती है। आत्मा में शक्ति लौट आती है।

हमारे विचारों एवं भावनाओं की गुणवत्ता हमारे कार्यों की गुणवत्ता का निर्धारण करती है और हमारे कार्यों की गुणवत्ता का प्रभाव हमारे विचारों एवं भावनाओं की गुणवत्ता पर पड़ता है। दयाभाव एवं समझदारी भरे विचार, भावनाएँ और कार्य दूसरों का हित करते हैं तथा फिर हमारे प्रति दूसरों की मंगल कामनाएँ और भी अधिक सुख-समृद्धि एवं सामर्थ्य लेकर आती हैं।

इस बात का ज्ञान हो जाना कि हमारी पहचान अनादि अनंत आत्मा की पहचान है, हमारी शांति की रक्षा करता है और हमें ईश्वर से सीधे जुड़ने की क्षमता देता है। इसके अंदर वह सत्, वह सजग कर्ता होता है, जो न तो शरीर है और न उसकी भूमिकाओं या संबंधों से सरोकार रखता है, बल्कि परमात्मा की संतान कहलाता है। जब हम उस शुद्ध चेतना के बारे में अपनी सजगता को पुनः पूर्व स्थिति में ले आते हैं, ईश्वर एवं हमारी अपनी उच्चतर प्रकृति फिर से हमारे जीवन का पथ प्रदर्शन करने लगते हैं और वहाँ शांति होती है। ऐसा लगता है, मानो एक

हो गए हैं और ईश्वर हमारे हृदय में बैठ सकता है।

दादी जानकी कहती हैं—

> मैं अपना निरीक्षण करती हूँ, अपना हृदय खोलकर देखती हूँ कि उसके अंदर मेरे प्रियतम के अलावा कोई और व्यक्ति या कुछ और तो नहीं है। मैं चाहती हूँ कि हृदय को सुख देनेवाला वहाँ निवास करे, इसलिए मुझे बहुत सच्चा, ईमानदार होना पड़ता है, ताकि मैं केवल उसके लिए अपना हृदय मुक्त रख सकूँ।

यदि आपने पक्का विचार बना लिया है कि आप भी ऐसा ही चाहेंगे, तो उस लक्ष्य की पूर्ति करने में ईश्वर आपकी सहायता करेगा। भले ही भाव दूसरों के साथ रह रहे हैं, फिर भी आपको चाहिए कि आप आंतरिक रूप से और बार-बार अपनी चेतना को शरीर तथा शारीरिक संबंधों से अलग करें तथा पिता का स्मरण करें।

जीवन की तीर्थयात्रा पर सहज रूप से चलने के लिए, हमें प्रगाढ़ प्रेम में डूबे रहना चाहिए। जब आत्मा असंलग्न हो जाती है, तब उसे पिता के प्रेम का अनुभव होता है और पिता के प्रेम का अनुभव करने पर यह शरीर तथा हर चीज से अलग होने में समर्थ हो जाती है। आत्मा नाचने लगती है। पिता का प्रेम इस संसार से ऐसे सभी प्रकार के 'खिंचावों' का अंत कर सकता है, जो हमारी स्वतंत्रता नष्ट करते हैं तथा हमारी स्नेहमय प्रकृति से विमुख होते हैं। अलगाव अथवा अनासक्ति का अर्थ है, दु:ख को कभी हृदय में प्रवेश न करने देना।

तीर्थयात्री बहुत कम सामान साथ लेकर चलते हैं। वे भार उतारना जानते हैं और वे दूसरे तीर्थयात्रियों को भी ले जाने के लिए बोझा नहीं देते हैं। वे साथ-साथ यात्रा कर सकते हैं, किंतु वे पीछे मुड़कर नहीं देखते हैं अथवा उनकी प्रतीक्षा नहीं करते हैं, जो रास्ते में, सड़क किनारे गिर जाते हैं।

यदि मन अपने आपको लोगों तथा स्थितियों की ओर खिंचने से रोक नहीं पाता है, तो यह उथल-पुथल में पड़ जाता है और ईश्वर के साथ संपर्क बनाए रखने में असमर्थ हो जाता है।

गलतियों का सामना करना

जब कभी जीवन में कोई विवादात्मक स्थिति उत्पन्न हो, तो यह देखें और जाँच करें कि आप उस स्थिति को कैसे सँभाल रहे हैं। यदि आप सच्चाई

और ईमानदारी से काम ले रहे हैं, तो आपका मन शांत बना रहेगा और भाव निराश या मायूस नहीं होंगे। यदि आप इसके बारे में बहुत कहने की आवश्यकता महसूस कर रहे हैं, इस भावना के साथ, कि आपको पता है कि अभी तक उतनी सफाई नहीं हुई है, जितनी कि होनी चाहिए, तो आपकी सच्चाई की कद्र अवश्य होगी। ईमानदारी आत्मा को इतनी अधिक शक्ति देती है कि अगर कोई भूल हो भी गई है, तो वह भूल आपसे दोबारा नहीं होगी।

कुछ लोग इस ढंग से जाँच नहीं करते हैं और इसी कारण वे अपनी गलतियों को देख नहीं पाते हैं, लेकिन उसके बदले दूसरों में दोष निकालने का काम करते हैं। इससे दुर्भावना पैदा होती है और हृदय कठोर हो जाता है, तथापि हमें यह बात अवश्य याद रखनी चाहिए कि व्यक्ति जो भी हो, वे भी ईश्वर की एक संतान हैं।

कुछ ऐसे होते हैं, जो लोगों या स्थितियों से मदद लेते हैं, लेकिन अपनी गलती की जानकारी को दबाने में चतुराई दिखाते हैं और इस तरह का नाटक करते हैं, जैसे कुछ हुआ ही नहीं है। फिर वे उस नाटक को ठीक से समाप्त नहीं कर पाते हैं। यह भी बेईमानी है। कोई भी सीमित सहायता के आधार पर आगे नहीं बढ़ सकता, आगे बढ़ने के लिए पूरी सच्चाई का साथ होना अनिवार्य है।

यदि कोई व्यक्ति आपसे असंतुष्ट या दुःखी है और आप यह दिखाने का प्रयास करते हैं कि उस व्यक्ति के बारे में चिंतित होने की आवश्यकता नहीं है तो वह भी एक भूल है। ऐसी स्थिति के चलते खुद को दुःखी न होने दें, किंतु उस व्यक्ति के प्रति मित्रवत् भावनाएँ एवं शुभेच्छाएँ बनाए रखें। इससे ईश्वर प्रसन्न होता है। जब आप उन बातों से प्रसन्न होते हैं, जो ईश्वर को प्रसन्न करती हैं तो हर कोई आपसे प्रसन्न हो जाएगा।

ईमानदारी सच्चाई पर आधारित जीवन दिलाती है

ईश्वर हमारे हृदय में बसा हो तो हमें सबकुछ मिल जाता है। ईश्वर के प्रेम की शक्ति आत्मा को आगे बढ़ाती है और शरीर को शक्ति देती है। उसकी सहायता लें तो फिर आप भ्रमित नहीं होंगे अथवा आपकी यात्रा विलंबित नहीं होगी। यह बात समझ लें तो आप महसूस करेंगे कि किन्हीं दूसरे रिश्तों में फँसने की अब कोई आवश्यकता नहीं है। हमें किसी अन्य के स्वभाव पर

दृष्टि डालने या चिंता करने की आवश्यकता नहीं होती है कि वे क्या कह रहे हैं। हम दूसरों के बारे में चिंता अवश्य करेंगे, लेकिन वे जो भी कर रहे हैं, हम उसमें संलिप्त नहीं होंगे, क्योंकि ऐसा करने से हमारे हृदय की स्मृति दुर्बल होती है। हमारे जीवन में लोगों का आना-जाना हो सकता है, अनेक परिस्थितियाँ हो सकती हैं, हम उनके योगदान को महत्त्व दे सकते हैं, लेकिन हम उन पर आश्रित नहीं हो सकते।

हमें अपने कार्य तथा अन्य जिम्मेदारियों के बारे में अवश्य सोच-विचार करना होता है, लेकिन एक निर्लिप्त तरीके से, ताकि ऐसी चिंताएँ हमारी चेतना को साधारण स्तर तक न गिरा सकें। अन्यथा, जब कुछ नकारात्मक घटना होगी, हममें इतनी शक्ति नहीं होगी कि स्थिर बने रहें। सांसारिक चिंताओं को उन्नत चिंतन के साथ संतुलित करके हम हलके बने रहेंगे।

हमने असत्य को भोगा है। इसी कारण हम अपना सुख खो बैठे। हमने समझा ही नहीं कि हम कितने दिवालिया हो गए हैं। अब क्या सच है? ईश्वर हमें यही शिक्षा दे रहा है। ज्ञान ही प्रकाश है। जब हमारे अंदर ज्ञान का प्रकाश होता है, नकारात्मक या व्यर्थ विचार हमारे निकट भी नहीं आ सकते और हमारा स्वभाव तथा पारस्परिक विचार-संप्रेषण मधुर बना रहता है।

आशीर्वाद देना और प्राप्त करना

विश्वसनीयता अर्थात् ईमानदारी से हमारा तात्पर्य यह है कि दुःख देने व दुःख लेने की बजाय हमारा ध्यान आशीर्वाद देने और आशीर्वाद प्राप्त करने पर रहता है। आशीर्वाद हमारी मानवता, हमारी आत्मा से आते हैं। वे ऊर्जा का काम करते हैं, जो हमें आगे बढ़ाती है। वह दैहिक-चेतना रूपी विष को दूर करती है, जो हमें धोखे में फँसाता है।

परमात्मा हमारे लिए सत्य पर आधारित जीवन की सृष्टि करता है। वह सत्य की मूर्ति है और उसकी ऊर्जा एवं शक्ति हमारे अंदर प्रवाहित होती है, जब हम अपना हृदय निर्मल एवं सच्चा बनाए रखते हैं तो हमें यह ज्ञान रहता है कि हम उसकी संतान हैं।

भक्तगण उसका स्मरण दुःखहर्ता और सुख दाता के रूप में करते हैं तथा जब हम ईश्वर को अपने साथ रखते हैं, हम दूसरों के लिए वही बन जाते हैं। हमारे पास सबकुछ होता है। जब हम उसका हाथ छोड़ देते हैं,

हमारी कमजोरियाँ और हमारे दोष हमें सुख के उस भंडार का अनुभव नहीं करने देते हैं।

अनुभव के द्वारा ही मैं जीवन की यात्रा में इतना आगे बढ़ पाई हूँ। सच्चाई को गले लगाकर मैं सांसारिक चीजों के आकर्षण या प्रभाव से मुक्त हो गई। ईश्वरीय प्रेम पाकर मैंने जब यह जान लिया कि एक आत्मा के रूप में मेरा क्या अस्तित्व है और किससे मेरा नाता है, मेरा सारा जीवन बदल गया। मुझे प्रकाश मिल गया—सत्य, प्रेम और प्रकाश की शक्ति, जो टूटे अर्थात् मग्न हृदयों को जोड़ देती है और हमें संपूर्ण बनाती है।

हमें जीवन भर ईश्वर के प्रति इतना सच्चा रहना चाहिए कि दूसरों को भी उसकी अनुभूति हो और उन्हें भी वही मिले। इस प्रकार वह दयालु परमेश्वर उन सब चीजों को ठीक कर देता है, जो उलट-पुलट हो गई हैं और हमारा जीवन हीरे जैसा मूल्यवान हो जाता है।

मैं एक माँ के रूप में आई हूँ

सन् 1974 में दादी ने भारत से प्रस्थान किया और अनेक वर्षों के लिए यू.के. में अपना डेरा बना लिया। उनके पास उस समय केवल अतिथि वीसा (विजिटर वीसा) था, इस कारण उनके लिए कहीं आना-जाना मुश्किल था।

मैंने प्राधिकारियों से कहा, "मैं यहाँ धन-दौलत अर्जित करने नहीं, बल्कि सेवा के लिए आई हूँ। मैं एक माँ की हैसियत से आई हूँ। मैं चाहती हूँ कि ईश्वर के सभी बच्चे खुश रहें।" स्त्रियाँ कभी-कभी डर जाती हैं, लेकिन मुझे कोई डर नहीं था। उन्होंने मुझे स्थायी निवासी का वीसा दे दिया।

तनावमुक्त होने का रहस्य है कि Tension के आगे एक 'a' लगा दें—मतलब यह कि एक ही तनाव रखें। एक माध्यम बनने पर ध्यान लगाने का तनाव, सदैव इस बात से अवगत रहते हुए कि ऊपरवाला सबकुछ कर रहा है। मन में यह शंका लाने की जरूरत नहीं है कि यह या वह काम कैसे होगा, सिर्फ यह विश्वास रखें, अगर ऐसा होना है, तो ईश्वर सब करा देगा। यह कहना कि अमुक काम 'मैंने' किया है, चोरी करने के समान है। ईश्वर हमारा उपयोग एक माध्यम के रूप में करता है, उसने ही हमें यह कार्य सौंपा है कि हम दूसरों को उस एक सर्वशक्तिमान को समझने योग्य बनाएँ।

जब मेरी आध्यात्मिक बहनों ने मुझे विदेश जाने के लिए कहा, मैं अचंभे

में पड़ गई कि वहाँ जाकर मैं करूँगी क्या, क्योंकि मुझे अंग्रेजी बोलना भी नहीं आता था। उन्होंने मुझसे कहा, "आपको जो कुछ मिला है—सुख, शांति और प्रेम, जाओ और वही बाँटो।" सुख अथवा खुशी एक बहुमूल्य निधि है और ईश्वर ने मुझे अपार सुख दिया था।

मनुष्य सोचता है कि धन या पद के बिना वे कुछ नहीं कर सकते, लेकिन जीवन का आधार धन नहीं है। मेरे पास कुछ भी नहीं था जब मैं यू.के. गई। ईमानदारी, प्रेम और विश्वास ने मुझे और मेरे कार्य को सहारा दिया। ईमानदारी से विनम्रता आती है और ईश्वरीय शक्ति।

हमें कदम-कदम पर ठीक से सफाई करने की आवश्यकता पड़ती है, जो भी विषय सामने आते हैं और भावनाएँ उठ खड़ी होती हैं, उनसे निपटते हुए हमें उन्हीं विषयों एवं भावनाओं को चुनना चाहिए, जिनको हमें प्रेम अथवा सद्‌भाव हेतु जरूरत होती है और फिर अतिरिक्त विचारों या भावनाओं को वहीं रोक देना चाहिए। जब हम हृदय को इस प्रकार साफ और सच्चा रखते हैं तो दूसरों के प्रति हमारी मानसिकता तथा दृष्टि भी शुद्ध रहती है। आध्यात्मिक प्रेम में लिप्त रहने से, किसी भी अन्य व्यक्ति के रंग, जाति, धर्म, भाषा, इत्यादि पर आधारित भेदभाव की कोई भावना हमारे अंदर नहीं रहती है। फिर लोगों के लिए अभीप्सित वस्तु प्राप्त करना आसान हो जाता है। शुद्धता के स्पंदन और उपदेश कि वे समझ सकते हैं, सीख सकते हैं, व्यावहारिक रूप से अनुभव कर सकते हैं। जीवन में जैसे-जैसे उन्हें सफलता मिलती है, उनमें विश्वास पनपने लगता है।

इस प्रकार काम चलता रहता है। काम का मतलब काम को धन कमाने का जरिया बनाना नहीं है। यह तो एक अवसर होता है दूसरों को सुख और संगति देने का। अगर लोग देखते हैं कि आप ईमानदारी और प्रेम से काम कर रहे हैं, उनका हृदय आपको स्वीकार कर लेगा। मैं 'मैं जिम्मेदार हूँ' जैसे शब्दों का प्रयोग नहीं करती हूँ, लेकिन हाँ, मैं स्वीकार करती हूँ कि जब मैंने इतना कुछ प्राप्त किया है, तो उसे बाँटने का मेरा फर्ज बनता है।

लोग अकसर मुझे बताते हैं कि उन्हें मुझसे एक माँ या दादी का प्यार मिलने जैसा अनुभव होता है। यह दैहिक चेतना संबंधी आसक्ति नहीं है, बल्कि एक आंतरिक, आध्यात्मिक प्रेम है, जो आत्माओं को आगे बढ़ने योग्य बनाता है।

□

9

आत्म-सम्मान की शक्ति

'सो जा, राजकुमारी, सो जा
सो जा, मैं बलिहारी
सो जा, राजकुमारी, सो जा!'

स्वच्छता, सकारात्मकता और ईमानदारी जब हमारे जीवन में पुनः प्रवेश करते हैं, तो आत्म-सम्मान भी पूर्णतया एक नए ढंग में लौट आता है। आत्म-सम्मान जीवन में सफलता के लगभग हर पहलू को सहारा देता है। जब हमारा आत्म-विश्वास मजबूत होता है, हम दूसरों में गुणों और विशेषताओं को पहचानने तथा उनकी अभिव्यक्ति को बढ़ावा देने में उदारता बरतेंगे, तब हम अपनी निजी कमजोरियों का सामना करने से बचने की खातिर, उनकी कमजोरियों, वास्तविक हों या कल्पित, का बढ़-चढ़कर बखान नहीं करेंगे।

आत्म-सम्मान ईर्ष्या और तुलना की ओर बढ़ती प्रवृत्तियों को दूर कर देता है। आत्म-सम्मान हमें दूसरों के प्रति शुभेच्छाएँ एवं निर्मल भावनाएँ रखने में समर्थ बनाता है। यह हमें दूसरों की बात को, प्रतिक्रिया व्यक्त किए बिना, सुनने का धीरज देता है।

सच्चा आत्म-सम्मान पुनः प्राप्त करने के लिए हमें विचार एवं भावना की दैहिक चेतना-जनित ऐसी अनेक आदतों के विरुद्ध अपनी रक्षा करनी होगी, जो हमें कष्ट देती हैं। यह हमें उस नकारात्मक मनःस्थिति अर्थात् मानसिकता पर विजय पाने योग्य बनाता है, जिसका बोझ हम पहले लिये फिरते थे, क्योंकि हम

एक ऐसे भौतिकवादी संसार में रह रहे थे, जिसमें हमने आत्मा की वास्तविकताओं की ओर आँखें मूँदी हुई थीं।

ईश्वर का प्रेम प्राप्त करना

दादी जानकी उपदेश देती हैं कि यदि हमें अपना वास्तविक आत्म-सम्मान पुनः प्राप्त करना है तो उस दिशा में पहला और सबसे महत्त्वपूर्ण कदम यह होगा कि हम उस गहरे प्रेम को पहचानें, जिस प्रेम की दृष्टि से ईश्वर हमें देखता है, भले ही कितनी भी कुरूपता आत्मा में प्रवेश कर गई हो। "क्या तुम उस प्रेम को महसूस कर सकते हो?" वे पूछती हैं।

> एक बार आपको यह अनुभव हो जाए, तो आप जब चाहें ईश्वर को अपने समक्ष पा सकते हैं और उस नकारात्मक आत्म-छवि से छुटकारा पाने का साहस प्राप्त कर सकते हैं, जो आपके भीतरी सौंदर्य को धूमिल करती है।
>
> हमें साहस चाहिए, क्योंकि नकारात्मकता से विशेषकर स्वार्थवाद के रूप में, हमारी पुरानी दोस्ती है। उस समय, जब हमारे प्रयोजन मिले-जुले थे और जिसके फलस्वरूप हमने लगातार विफलता का जोखिम उठाया, इसने हमें अपने आपसे बहुत कुछ न पूछने का तर्क दिया। अहं जब कार्य में हमारे अभिप्रेरण का हिस्सा बन जाता है, परिणाम कभी भी संतोषजनक नहीं होता है। अहंकारपूर्ण माँगें व्यसनी होती हैं और उनका अंत हमेशा क्रोध या आँसुओं में होता है, जब उनसे पार पाने की हमारी क्षमता चुक जाती है। अगर हम सफल हो भी गए, तब भी दूसरे लोग हम पर घमंडी होने का आरोप लगाने के लिए तैयार रहेंगे और हमें नीचा दिखाने का प्रयास करेंगे।
>
> अपनी परिपूर्णता की मौलिक दशा को प्रकट करने का प्रयास करना घमंड नहीं है। ईश्वर हमें बहुत स्पष्ट रूप से समझा रहा है कि हमने जिस सच्चाई और खूबसूरती के साथ अपनी मानवयात्रा आरंभ की थी, वह समय के चलते कैसे विलुप्त हो गई और अब हम उसे किस तरह पुनः प्राप्त कर सकते हैं। वर्तमान वास्तविकता यह है कि अपरिवर्तनशील, सदैव सौंदर्यरूपी परमात्मा, मानव कुटुंब का जन्मदाता, हमें उद्गम से पुनः जुड़ने के लिए पुकार रहा है, जिससे कि हमारी मानवता के पूर्ण पुनरुद्धार के साथ हम सुखी-संपन्न रहने का अपना सामर्थ्य पुनः प्राप्त कर सकें।
>
> इसे हासिल करने के लिए हमें अपनी पिछली मानसिकता को त्यागना होगा। इसका मतलब है कि संदेह, लोभ, भय, चिंता, क्रोध और अवसाद की

आवाजों को सुनने से इनकार करना, जो अधिकतर लोगों को वश में कर लेती हैं। वे आवाजें तभी अपना प्रभाव दिखाती हैं, जब हम अपने आपको देहधारी प्राणी के रूप में देखते हैं। दैहिक चेतना हमें मस्तिष्क में लिपटी हुई अनुकूलित अथवा इच्छित प्रतिक्रियाओं और हमारे आस-पास दूसरे लोगों के प्रभाव की तरफ संवेदनशील बना देती है। जब हम स्वयं को एक आत्मा मानने लगेंगे और अपने ईश्वरीय माता एवं पिता का स्मरण करेंगे, तो हम प्रेम से भर जाएँगे और उन प्रभावों से स्वयं को मुक्त कर लेंगे।

हम सच में अद्‌भुत हैं

क्या आपको लगता है कि आप अद्‌भुत हैं? यह मानने का कतई कोई कारण नहीं है कि आप अद्‌भुत नहीं हैं, सिवाय इसके कि आप अभी तक उन पुरानी आवाजों को बहुत मान्यता दे रहे हैं। एक पल में, प्रत्येक पल पर, आप महसूस कर सकते हैं कि ईश्वर का प्रेम परम पूर्ण है और आपके अंदर जो कुछ भी अवास्तविक है, उसे मिटा सकता है। अपनी विचार शैली और अनुभव को आप इस प्रकार जितना अधिक शुद्ध करेंगे, आपका ज्ञान व आपकी जागरूकता सच्चाई के सौंदर्य से उतनी ही अधिक चमकेगी। स्वयं को जानने-पहचानने पर इसी प्रकार ध्यान लगाएँ, विश्वास, धैर्य और दृढता के साथ। ईश्वर के प्रेम को अंदर आने दें। फिर आपको अनुभव होगा कि अब किसी बात के बारे में चिंता करने की आवश्यकता नहीं है। न अपने बारे में, न किसी और के बारे में। सबकुछ ठीक हो जाएगा।

सच, संसार में समस्याओं की भरमार है, लेकिन उनमें फँसे रहने का कोई फायदा नहीं होता है और उनको हल करना आपकी जिम्मेदारी नहीं है। हम इतिहास के एक विशेष दौर में हैं, जब ईश्वर अनंत सत्य को हमारे सामने प्रकट कर रहा है और हमें फिर से वही बनने के लिए कह रहा है—नई, मौलिक चेतना का एक हिस्सा, न कि पुरानी चेतना को ठीक करने का प्रयास करने के लिए।

करुणा दिखाते-दिखाते थक जाना

दादी बताती हैं, कभी-कभी लोग उनसे कहते हैं कि वे दयालु बनकर बाँटते-बाँटते थक चुके हैं। वे महसूस करते हैं कि उनका काम, विशेषकर स्वास्थ्य एवं समाज सेवाओं जैसे देखभाल करने संबंधी व्यवसायों में उनकी सारी शक्ति

चूस लेता है। वे स्पष्ट करती हैं कि दैहिक चेतना हमें जीवन में इस कदर चिंता और जल्दबाजी में धकेल देती है कि अंततः हमारा स्वभाव कटु हो सकता है, हम निढाल हो सकते हैं और हमारा ध्यान रह-रहकर दूसरों की गलतियों पर जाने लगता है। हमें यह आदत बदलनी चाहिए।

जब हम आत्मचैतन्य में रहते हैं, हम अपने अंदर ईश्वरीय प्रेम एवं शक्ति प्राप्त करते हैं और इस तरह सभी के साथ प्रेममय रहते हैं तथा अपनी निजी गलतियों को सुधारने के लिए अपना दिल खुला रखते हैं।

अपनी देखभाल हमें इसी तरह करनी चाहिए। जब हम ऐसा कोई उदाहरण प्रस्तुत करते हैं तो दूसरे लोग भी उसे देखेंगे और फिर अपनी बेहतर देखभाल करेंगे। यदि हमारा मुख्य उद्‌देश्य यह हो कि हम स्वयं को साबित करने, चतुर व होशियार बनने या धन कमाने की बजाय, अपने पूरे मन से सेवा करेंगे, तो हम कभी थकेंगे नहीं। आप कारोबार कर सकते हैं, लेकिन आप जो भी करें, उसमें व्यस्त न हो जाएँ।

कुछ लोग जो भी काम करते हैं, उसे समझे-बूझे बिना, हर काम में दूसरों से आत्म-सम्मान पाने की चाह रखते हैं। जब ऐसा नहीं होता है, तो वे निरंतर अपमानित महसूस करते हैं। आत्म-सम्मान तब पनपता है, जब हम इच्छाओं से मुक्त रहते हैं।

भले ही दूसरे लोग हमारे प्रति आदरभाव न रखें, हमें तब भी आदर देते रहना चाहिए। यदि कोई व्यक्ति मेरे प्रति आदरभाव नहीं रखता है अथवा निरादर दरशाता है, मैं उसके बारे में कोई दुर्भावना नहीं रखती हूँ। मैं धैर्यवान बनी रहती हूँ और जीवात्माओं की सेवा करने में लगी रहती हूँ, भले ही मुझे कोई उत्तर मिले या न मिले। अपने अंदर के गुणों को मैं जितना अधिक याद रखती हूँ, उतना ही मेरे लिए अप्रभावित और मुक्त रहना अधिक आसान हो जाता है।

सद्‌भावना के साथ और किसी भी प्रकार का स्वार्थ न रखते हुए किया गया कार्य किसी समय अवश्य ही कोई सकारात्मक प्रतिक्रिया लेकर आएगा। जब लोग समझ जाते हैं कि उन्हें कुछ वास्तविक एवं महत्त्वपूर्ण ज्ञान की प्राप्ति हो रही है, वे असत्य से मुँह मोड़ लेते हैं। नियम है कि हमें अपने कार्यों का प्रतिफल मिलना चाहिए। तथापि अधपके या कच्चे फल खाना, जहाँ हमारे लिए कष्टप्रद हो सकता है, वहीं धैर्य का फल बहुत मीठा निकलता है। यदि हम अस्थायी पद, सम्मान या धन के आधार पर सम्मान पाने की चाह रखते

हैं, तो निश्चय ही हम अपने आपको नीचे गिराने की तैयारी कर रहे हैं।

आत्म-सम्मान बनाए रखने की खातिर दूसरों से कुछ अपेक्षा न करें, वे जैसे हैं, उसी रूप में उन्हें स्वीकार करें। मेरे पास जब लोग आलोचना या शिकायतें लेकर आते हैं, मैं हमेशा उनसे कहती हूँ कि दूसरों के बारे में निर्णय न करें, खुद को देखें। मत सोचें कि दूसरे क्या कर रहे हैं। याद रखें कि आप जो कुछ करते हैं, दूसरे भी वही करेंगे। दूसरों का व्यवहार सुधारने का सबसे अच्छा तरीका यही है कि खुद एक अच्छा उदाहरण स्थापित करें।

अंदर से शांत होना सीखें

हमें अपने आपको अंदर से शांत बनने का अभ्यास करना चाहिए। पहले, बहुत लोग घर में कुएँ से पानी खींचकर पिया करते थे। पानी बहुत शुद्ध होता था, क्योंकि यह भूमि के बहुत नीचे, गहराई से आता था। इसी प्रकार ध्यान-साधना में भी हमें बहुत गहराई में जाना होता है, एक स्थिर बिंदु बन जाने तक। तब हमें महसूस होगा कि ठंडा-ठंडा स्वच्छ जल हमें तरोताजा कर रहा है, हमारे मन और शरीर दोनों को स्वस्थ बना रहा है। फिर हमारी करुणा का कुआँ कभी सूखेगा नहीं।

जब हम थके-माँदे होते हैं, हम प्यार नहीं दे सकते। जब हम दूसरों की गलतियों के बारे में विस्तार से विचार करते हैं, ऐसा प्रतीत होता है, मानो उस निंदात्मक चेतना का प्रभाव हम पर हावी है। वह हमें कठोर बना देती है और दूसरों को हमसे दूर कर देती है। यह कहना भी, 'ओह, वह हमेशा से ऐसी ही है' नुकसान दे जाता है, क्योंकि यह उस दूसरे व्यक्ति के प्रति निरादर प्रकट करने जैसा कार्य है। उन लोगों को फौरन खारिज करने की बजाय, उनके अच्छे इरादों पर ध्यान देना चाहिए। यदि आप किसी को डूबते हुए, अर्थात् अत्यधिक हतोत्साहित देखें, तो तुरंत जाकर उनका हाथ पकड़ें, अच्छी-अच्छी बातों से उन्हें अवगत कराएँ और उनका ध्यान उनकी कठिनाइयों से हटाने का प्रयास करें। यदि हम उनकी बात सुनेंगे तो उनके साथ हमारा संबंध सदैव अच्छा बना रहेगा।

हमें साथ-साथ आगे बढ़ते रहने के लिए श्रद्धा और विश्वास की जरूरत होती है। लगातार उतार-चढ़ावों के कारण हम स्वयं में विश्वास खो सकते हैं, इस सीमा तक कि हम यह महसूस करें कि ईश्वर ने भी हमें सामने से हटा

दिया है। हालाँकि वहाँ बहुत कुछ है, जो अच्छा है, फिर भी एक छोटी सी कमजोरी हमें ले डूबती है। विशेषकर ऐसे समय, अथवा ऐसे अवसरों पर हमें अपने आपमें और ईश्वर में गहरी विश्वास-भावना बनाए रखनी चाहिए। फिर कुछ समय बाद, ऐसा हो जाता है, मानो ईश्वर मुसकराएगा और कहेगा, 'बच्चा आखिरकार निष्ठावान निकला।' स्वीकार करने की प्रकृति विकसित करने में लाभ है। इसका अर्थ यह नहीं है कि हमें दूसरों के साथ हर समय सहमत हो जाना चाहिए, लेकिन जब हम सच्चाई, प्रेम और विश्वास के साथ हर किसी को आदर और सम्मान देते हैं, तो हमें बहुत अधिक सहयोग मिलता है। इसमें कोई कीमत नहीं लगती है, लगती है क्या? जब भी दूसरों को सम्मान देने की बात आए, हमें अपना हृदय सच्चा और बड़ा रखना चाहिए। यह अभ्यास लंबे समय तक जारी रहना चाहिए।

लाभ खोजना

यह समझें कि जो कुछ भी होता है, भलाई के लिए होता है। प्रतिरोध व्यर्थ है। जो है, सो है। यदि यह बुरा भी प्रतीत हो, तब भी उसके अंदर भलाई हमेशा रहती है। धीरज, शांति और प्रेम सहित काम करें। कोई जल्दबाजी न करें, अथवा विकल करनेवाले विचारों को न आने दें। अपने अहं के प्रभाव में आने पर ही हम स्वयं को साबित करने की जरूरत महसूस करते हैं और अड़चनों को लेकर दु:खी हो जाते हैं, तब आध्यात्मिक दृष्टिकोण बनाए रखना कठिन होता है तथा हम खुद पर तरस खाने लगते हैं एवं शुष्क हो जाते हैं। धैर्य और विनम्रता हमें शांतिमय रहने योग्य बनाते हैं।

जब तक मुझे जीवित रहना है, मैं निरंतर ज्ञानार्जन करती रहूँगी। अगर कभी ऐसा लगता है कि कुछ गलत हो गया है, मैं उसमें भी सीख खोज लेती हूँ और संसार का हित करने के कार्य में जुट जाती हूँ।

हमारे शब्दों और कार्यों में जब ईमानदारी और प्रेम झलकता है तथा सराहना एवं मित्रता की भावनाएँ जुड़ी होती हैं, दूसरे लोग इस सकारात्मक ऊर्जा से उसकी पूर्ति करते हैं, जिसका उनमें अभाव होता है। हम उन्हें अच्छा साथ दे सकते हैं। फिर वे उसके बदले हमें अपना सहयोग और मित्रता देंगे। यह एक अत्यंत सुंदर, स्वाभाविक प्रक्रिया है।

तथापि हमारे उद्‌देश्यों में ही अगर अहंकार शामिल हो जाता है तो आवाज

बिगड़ जाती है। हमें अहं को परे रखने पर बहुत अधिक ध्यान देने की आवश्यकता है। अत्यधिक सोच-विचार अहं के लिए द्वार खोल देता है और हमारा महत्त्व चौपट कर देता है। बहुत अधिक सोच-विचार करने से ऐसा लगता है, मानो हमारे दिमाग ने दिल के बिना बोलना शुरू कर दिया है। फिर शब्दों में मधुरता नहीं रहती है। सिर्फ नाम की शातिर, एक रूखे, फीके एवं बेस्वाद स्वर में न बोलें। हमें पक्का विश्वास होना चाहिए कि दूसरे लोगों के साथ हमारा बरताव और ईश्वर के साथ हमारा जुड़ाव अच्छा बना रहता है।

जब हमारी वाणी और हमारे कार्यों में आध्यात्मिकता तथा ईश्वरीय प्रेम का मिलाप हो जाता है, हमें शक्ति प्राप्त होती है। काया स्वस्थ रहती है और हमारे संबंध तथा नाते-रिश्ते भी फलते-फूलते हैं। दूसरे लोग हमारा आदर करेंगे, क्योंकि वे समझ जाएँगे कि हम निंदात्मक टीका-टिप्पणियों से लोगों को नीचा दिखाकर अपने घटते आत्मसम्मान को उठाने की चाह नहीं रखते हैं, बल्कि हम कुछ देना चाहते हैं।

जो बीत गया सो बीत गया

यात्रा पर जानेवाला व्यक्ति अपने साथ उतना ही सामान बाँधकर ले जाता है, जितना वह आवश्यक एवं उपयोगी समझता है, और इस बात का भी पूरा ध्यान रखता है कि चलते-चलते फालतू खरीद-फरोख्त करके कहीं वह अपना बोझ बढ़ा तो नहीं रहा है। दादी जोर देकर कहती हैं कि ऐसा नहीं होना चाहिए कि हमारे पिछले कर्मों का बोझ हमें आगे बढ़ने ही न दे। यही कारण है कि ईश्वर के संपर्क में आकर हमें ऐसा प्रतीत होता है, जैसे हमें एक नया जीवन प्राप्त हुआ है और यह अनुभूति बहुत मूल्यवान होती है।

कर्म सिद्धांत कहता है कि हम जो बोते हैं, वही काटते हैं और ऐसी स्थितियाँ अवश्य आएँगी, लेकिन समझ से काम लेने पर और एक सखा, मित्र एवं मार्गदर्शक के रूप में ईश्वर का साथ मिलने पर अंत में सुख एवं खुशी मिलना निश्चित है। इस प्रकार, जो चीज एक सूली साबित हो सकती थी, वह एक छोटा काँटा बन जाती है।

दादी का कहना है—

हमें विगत को विगत ही रहने देना चाहिए, पाँच मिनट पहले जो हुआ हो उसे भी। निरंतर प्रसन्न रहने के लिए हमें अतीत के बारे में सोचना बंद कर

देना चाहिए और भविष्य के लिए कोई इच्छाएँ नहीं रखनी चाहिए। यदि वर्तमान में भी कुछ अरुचिकर हो रहा हो, हमें उसके बारे में भी बहुत अधिक सोच-विचार नहीं करना चाहिए। हम यहाँ समाधान खोजने के लिए आए हैं, समस्याओं को बढ़ाने के लिए नहीं। ऐसे प्रयास हृदय को साफ और सच्चा रखने के काम का हिस्सा बन जाते हैं।

कुछ लोग कहते हैं कि उन्हें बहुत कुछ सहना पड़ता है, परंतु यह भी गलत सोच है। अपनी परिस्थितियों से यदि हम अनुभव एवं सामर्थ्य प्राप्त करते हैं, वही हमारे लिए एक भेंट है, कोई हानि नहीं। यदि हम अपने संबंधों और स्वयं को सँभालने में अधिक सहनशील, अधिक समझदार हो जाते हैं, तो इसका मतलब होगा कि हम कमजोरी पर काबू पा रहे हैं। फिर हमारा आत्म-सम्मान अडिग हो जाता है।

लोग अकसर मुझसे पूछते हैं कि मुझे शक्ति कहाँ से मिलती है और यह उस उत्तर का हिस्सा है कि शक्ति अर्थात् ऊर्जा इकट्ठा होती रहती है, जब हम उसे व्यर्थ नहीं करते हैं। पहले हम अपनी दुर्बलताओं को दूर करने की शक्ति ग्रहण करते हैं और फिर हम परिणामी शक्ति का उपयोग अपनी समस्याओं को हल करने हेतु करते हैं।

हमें इस ज्ञान के साथ अपनी चिंतन-प्रक्रिया का प्रयोग करना चाहिए कि धरती पर हम एक मेहमान बनकर रह रहे हैं। जब आप किसी दूसरे व्यक्ति के घर में एक मेहमान की भाँति रहते हैं, आप 'मैं' और 'मेरा' के उस बोध को अलग रख देते हैं, जिसका अनुभव एक गृहस्वामी करता है। एक मेहमान इस अर्थ में एक ट्रस्टी भी होता है कि उसका मेजबान उसे इस विश्वास के साथ रहने की जगह देता है कि वह एक साफ-सुथरे एवं सभ्य तरीके से रहेगा। एक अच्छा मेहमान अपने मेजबान पर माँगों का बोझ नहीं डालता है। वह सीधे-सादे और सभ्य ढंग से रहेगा।

हम ईश्वर की संतान हैं और हमारे अंदर वैसे ही गुण हैं, जैसे परमात्मा में होते हैं। हमें केवल इस सच्चाई और उसके प्रेम की शक्ति को समझना और स्वीकार करना है। फिर वह हमें अंदर से इतना सच्चा बना देता है कि हमारे कार्यों में प्रेम, शांति तथा खुशी का समावेश हो जाता है।

सशक्त बुद्धि

अपने बारे में इस ढंग से सोच-विचार करना और अपने आपसे बात करना

भी एक कला है, जिससे आत्म-कौशल और सच्चे आत्म-सम्मान का निर्माण होता है। शक्ति अपने विचारों को उच्चतर आत्मसत्ता और ईश्वर के अनुभव में बिल्कुल सही-सही मिलाने में होती है।

हमने अनुभव से जाना है कि बुद्धि वास्तव में एक अद्वितीय मानव-शक्ति है, जो मन में उभरते भिन्न-भिन्न विचारों और भावनाओं के बीच भेद करने की क्षमता रखती है। सशक्त बुद्धि जानती है कि किन विचारों और भावनाओं को अपनाना एवं विकसित करना है और किन्हें रद्द करना है।

शिक्षा और पदवी, दोनों शरीर से जुड़े हैं। यदि दोनों का प्रयोग दूसरों की सेवा में किया जाता है तो वे जीवन में विशिष्ट गुण का दरजा पा जाते हैं और यदि उन्हें अपने आत्म-सम्मान का आधार बना लिया जाए तो वे हमारी कमजोरी में तब्दील हो जाते हैं। यदि हम 'बहुत चतुर' हैं या पद खो देने के बारे में डरे रहते हैं, तो हमें दुःख भोगना पड़ेगा। बाहरी परिस्थितियों पर किसी भी प्रकार आश्रित रहना हमारे आत्म-सम्मान को नाजुक बना देता है।

ईश्वर का स्मरण करना और दिव्य का चिंतन-मनन करना आत्मा के लिए चिरस्थायी रूप से हितकारी होता है। ईश्वर का ज्ञान स्वयं में अनादि-अनंत और उस सर्वोच्च का ज्ञान है। जब हम इस ज्ञान को सुनते हैं और मन में धारण करते हैं, बुद्धि का उत्थान होता है।

दादी जानकी कहती हैं—

> अतिरिक्त श्रवण-पठन समय नष्ट करता है। अपना काम करते समय भी हम अपना हृदय परमप्रिय से लगाए रख सकते हैं। हमें उस दिव्य स्नेहमय बुद्धि को बनाए रखने के लिए अंतर्मुखी होना पड़ता है, जो हमें ईश्वर को देखने, पहचानने और समझने योग्य बनाती है। जब अंतर्मुखता होती है, बुद्धि एकाग्र हो जाती है—बाहरी खिंचावों से मुक्त। तत्पश्चात् हम ईश्वर के साथ माता, पिता, शिक्षक, मित्र, प्रियतम आदि के रूप में सभी संबंधों की शक्ति अपने अंदर खींच सकते हैं तथा इन सभी संबंधों का आनंद उठा सकते हैं।
>
> ब्रह्माबाबा ने अपनी परिपूर्णता की स्थिति प्राप्त करने में जो उदाहरण स्थापित किया, मैंने उसी उदाहरण का अनुसरण करने में अपनी बुद्धि का प्रयोग करके स्वयं को ईश्वर का एक साथी बना लिया और ईश्वर को अपना साथी। ब्रह्माबाबा ने सूक्ष्म, अभौतिक ज्ञान के प्रति एकनिष्ठ ध्यान के द्वारा अपने भीतर सच्चाई का एक दीप जलाया और उसे हमेशा जलाए रखा। अपनी बुद्धि को

सदैव दिव्य के विचारों से भरा-पूरा रखते हुए उन्होंने इस प्रकार आत्म-सम्मान का निर्माण किया कि उनका मन और हृदय हर परिस्थिति में स्नेहमय एवं अनासक्त बना रहने में समर्थ था।

यह दशा एक शक्तिशाली स्पंदन उत्पन्न करती है, जो हमारे अशांत संसार के लिए ईश्वर की एक भेंट है, यह सत्य की एक शक्ति है। इस शक्ति अथवा ऊर्जा का विस्तार एवं फैलाव जारी रहने से, भारत में स्वत: राम राज, सत्य व न्याय का शासन पुन: स्थापित हो जाएगा। क्या होगा और कैसे होगा, हमें इसके बारे में सोच-विचार करने की आवश्यकता नहीं है।

भाग्य में विश्वास

शुद्ध, सकारात्मक भावनाएँ सफलता लाती हैं और प्रबल विचार असंभव को संभव बना देते हैं। ब्रह्माबाबा ने हमें यह दिखलाया। ईश्वर में उनके अटल विश्वास और नियति की सदाशयता, परोपकारजन्य भावना ने ईश्वर को उनके माध्यम से काम करने दिया। हमारे मार्ग में निरंतर अड़चनें एवं विघ्न-बाधाएँ आती रहीं, लेकिन उनके आत्म-सम्मान और हृदय की स्वच्छता ने हमें इस योग्य बनाया कि हम उन अड़चनों से निकलने में सफल हो सकें।

स्वयं से कहें, ''मैं आत्मा हूँ, परमात्मा की संतान। ईश्वर मुझे स्वीकार करता है, समझता है और प्यार करता है। मैं एक वीर अभिनेता हूँ। मेरा गिरना और उठना शीत और बसंत ऋतु के समान स्वाभाविक है। यह काया एक परिधन है, अनेक परिधानों में से एक, जिसे धारण कर मैं अपनी भूमिका निभाने में सफल हो सका हूँ। यह मेरी रचना है और यह उन पहलुओं को प्रतिबिंबित करती है, जो मैं हूँ, लेकिन यह मैं नहीं हूँ। मैं चिरंतन आत्मा हूँ। मेरी मूल प्रकृति प्रेम, शांति और आनंद की है। अस्तित्व के इस शाश्वत नाटक में प्रत्येक का किरदार उसका अपना है। इसमें कहीं भी कुछ नया नहीं है और इसके बारे में कुछ भी चिंता करने योग्य नहीं है। पुनर्जन्म का कार्य पहले ही अनगिनत बार पूरा किया जा चुका है।''

जब हम इस प्रकार अपने आपसे बात करते हैं, हम ऐसे आत्म-सम्मान से भर जाते हैं कि इस जीवन का स्वरूप बदल देने के साथ-ही-साथ हम उस चेतना के सह-रचयिता बन जाते हैं, जो संसार का कायाकल्प करेगी। बुद्धि एकाग्र एवं प्रभावशाली तथा ईश्वर का 'स्पर्श' पाने योग्य हो जाती है, ताकि उसके अनुरूप कार्य कर सके, जिसकी इस संसार में आवश्यकता है।

ईश्वरीय कार्य में योगदान करना

जब हम ईश्वर द्वारा हमारे ऊपर बरसाए जा रहे प्रेम एवं ज्ञान को समझ लेते हैं और स्वीकार कर लेते हैं, तो हम ईश्वरीय गुणों से भर जाते हैं तथा इस योग्य हो जाते हैं कि दूसरों से सदैव प्रेममय व्यवहार कर सकें। हमें ऐसी शक्ति चाहिए कि जब हम दूसरे लोगों की दुर्बलताओं को देखें, तो ऐसा लगे कि हमने उन्हें देखा ही नहीं। प्रतिक्रिया दरशाने की बजाय हम विनम्र और दयावान बने रहें।

दूसरों को अंत:करण से उत्पन्न, आध्यात्मिकता एवं सच्ची मित्रता की भावनाओं से भरे प्रेम की दृष्टि से देखने का अभ्यास करें। फिर वातावरण सदैव भलाई के लिए बदल जाता है। यदि आप जिज्ञासु होकर या शंका प्रकट करनेवाले भाव से देखते हैं, तो बाहरी जगत् आपको जाल में फँसा लेगा और फिर आप अपने सामने ईश्वर को कभी नहीं 'देख' सकेंगे।

ईश्वर वास्तव में इसी प्रकार एक बेहतर विश्व की सृष्टि कर रहा है। ईश्वर के कार्य में इस प्रकार योगदान करके हम कुशल रचनाकार बन जाते हैं। आज प्रत्येक व्यक्ति को आध्यात्मिक सहारे की आवश्यकता है। दूसरी ओर, हम यदि प्रतिक्रियात्मक हो जाते हैं, तो वातावरण और भी खराब हो जाता है। हम नरक को बनाए रखने का प्रयास कर रहे होते हैं।

ऐसा सच्चा और अथाह प्रेम तथा सम्मान देने की शक्ति हमारे अंदर निर्मित होने लगती है, जब इन शरीरों से अलग, आत्मा होने की चेतना में, हम ईश्वर के अनुपम, दिव्य प्रेम को अपने चिंतन का एकमात्र केंद्रबिंदु तथा जीवन का उद्‌देश्य बना लेते हैं। एक वही सर्वोपरि है, जिसका गुणगान हमें करना चाहिए।

आत्मा के मूल गुणों को ध्यान में रखते हुए, हम नैतिक बल के साथ जीवन बिता सकते हैं—एक ऐसा जीवन, जिसमें अपना कार्य करते हुए हमें किसी सराहना या प्रशंसा की चाह नहीं होगी और हम प्रेम बाँटते रहेंगे, लेकिन किसी को भी ऐसा अवसर नहीं देंगे कि वे हमें प्रभावित कर सकें या हमारे पतन का कारण बन सकें। नाटक के अंदर प्रत्येक अभिनेता, जो भी अद्वितीय योगदान करता है, उसकी कद्र करें। प्रत्येक व्यक्ति के अंदर, लेशमात्र ऐसा होता है, जो बहुत अच्छा नहीं है। हमें उसकी ओर ध्यान नहीं देना चाहिए और हर समय उनके विशिष्ट गुणों को देखना चाहिए। फिर हमारे बीच विश्वास

पनपने लगता है। लेकिन दूसरों के गुणों की तुलना अपने गुणों के साथ न करें, अन्यथा आप कभी संतुष्ट नहीं होंगे।

जीवन में मन पर बोझ नहीं रखना चाहिए, हलके बने रहना चाहिए और ईश्वर से शक्ति प्राप्त करनी चाहिए। इस तरह जीना सीखेंगे, तो सबकुछ ठीक हो जाता है। अगर सिरदर्द भी है, तो इसका कारण यही समझना चाहिए कि हमने अपने अंदर इस विश्वास को पूरी तरह पनपने नहीं दिया है कि हम ईश्वर की संतान हैं और इस संसार का स्वरूप बदलने के लिए जो कुछ भी किया जा रहा है, ईश्वर के इशारे पर किया जा रहा है। ईश्वर द्वारा अपनी संतान के जीवन में लाए जा रहे मौलिक परिवर्तन के जरिए जगत्-परिवर्तन हो रहा है।

□

10

शांति की शक्ति

'तू प्यार का सागर है
तेरी एक बूँद के प्यासे हम।'

लोग जब दादी जानकी से पूछते हैं कि अपनी आयु के सौवें वर्ष में वे किस तरह एक ऐसे विश्वव्यापी आध्यात्मिक विश्वविद्यालय के प्रमुख का उत्तरदायित्व कुशलतापूर्वक सँभाल लेती हैं, जिसमें लगभग दस लाख नियमित विद्यार्थी हैं और जिसकी 8000 शाखाएँ 120 देशों में फैली हुई हैं, तो उनका उत्तर होता है कि वे शीर्ष नहीं हैं, बल्कि उस संस्था का हृदय हैं। प्रेम और शुभकामनाओं से काम चल जाता है।

निस्संदेह सभी निर्णय करने पड़ते हैं और अड़चनों को पार करना पड़ता है। काम के प्रति समर्पित एक कुशल प्रशासनिक व्यवस्था मौजूद है, जिसे उनकी पूर्वाधिकारी दादी प्रकाशमणि ने 40 वर्ष पहले अपने कुशल नेतृत्व में खड़ा किया था। गृह व्यवस्था रोजमर्रा के अधिकतर निर्णयों को सँभालती है। तथापि दादी प्रकाशमणि ने भी मुख्यत: हृदय से काम किया और दूसरों को भी इसी तरह काम करने की सीख दी। उनके हर कार्य को प्रेम एवं सम्मान का मार्गदर्शन प्राप्त था।

इतनी अधिक समस्याओं से भरी इस दुनिया में यह सब कैसे संभव है?

अपने क्रिया-कलापों के बीच अंतराल में और औपचारिक चिंतन-मनन अभ्यास में भी हम एक ऊर्जा प्राप्त कर सकते हैं, जिसमें प्रेम और विद्वत्ता दोनों का समावेश होता है। जब हम नीरवता और आत्मनिरीक्षण के क्षणों में, इस ऊर्जा के समीप आने पर ध्यान देते हैं, हमारे भीतर एक ऐसी संतुष्टि एवं मधुरता उत्पन्न होती

है, जो दिन-प्रति-दिन के संबंधों तथा रिश्ते-नातों में आगे बढ़ती रहती है। यह मधुर ऊर्जा वास्तविकता के एक कालजयी आयाम से आती है। व्यक्ति को ऐसा महसूस होता है, मानो वह एक ऐसी संपूर्णता से जुड़ रहा हो, जिसके पास सारे रहस्य विद्यमान हैं। इसके अलावा, यह एक हितकारी समष्टि है, इस कारण चिंता और भय गायब हो जाते हैं तथा प्रेम और शांति को छोड़कर कुछ नहीं बचता है।

इससे आत्मा को मिलनेवाला आवेश अथवा 'चार्ज' ऐसा होता है, जो व्यक्ति को सामने आनेवाले प्रत्येक दृश्य में मौजूद रहने योग्य बनाता है और इस जंजाल में नहीं फँसने देता है कि क्या हुआ है अथवा क्या हो सकता है। यह चार्ज दूसरों में प्रवाहित होता है और सामान्यत: भलाई के काम करने में उनकी मदद करता है। शांति में समाधान होते हैं। इसके विपरीत, अतृप्त दंभ की नकारात्मकता और प्रतिरोधन शक्ति अधिकतर असाध्य असहमतियों और व्यक्तिगत व्यथा का कारण बन जाती है।

भिन्न-भिन्न आध्यात्मिक तथा धार्मिक परंपराओं ने इस सकारात्मक ऊर्जा को अलग-अलग नाम दिए हैं, लेकिन अनुभव में एक उल्लेखनीय समानता है। कभी-कभी इसे शांति की शक्ति कहा जाता है या अब शक्ति कहकर पुकारा जाता है। अन्य लोग इसे ईश्वर की शांति के रूप में देखते हैं। इसे प्रकाश या सच्चाई या व्यक्तित्व भी कहा जाता है। संभवत: इसका एक पहलू इसमें भी है, जिसे आयरलैंड के लोग 'दि क्रैक' कहते हैं। अंग्रेजी भाषा के कवि विलियम वड्‌र्सवर्थ ने इसे इन पंक्तियों में इसे पकड़ा है—

…और मैंने महसूस की है
एक मौजूदगी जो मुझे परेशान करती है
उन्नत विचारों के आनंद से; एक उदात्त भाव
बहुत अधिक गहराई में मिश्रित किसी चीज का,
अस्त होते सूर्यों की रोशनी,
और गोलाकार महासागर तथा जीवंत वायु,
और नीले गगन तथा मानव के मन में
किसका डेरा है;
कोई गति और कोई जीवनी-शक्ति, जो प्रेरित करती है
सभी विचारशील चीजों, समस्त विचार के सभी उद्‌देश्यों को,
और सभी वस्तुओं में संचारित होती है।

जब एक बैटरी चार्ज होती है, उस बैटरी पर निर्भर मशीनें सही ढंग से चलती हैं। अगर मशीन धीमी चलती है, तो समस्याएँ पैदा होंगी। इस दिव्य ऊर्जा के साथ भी ऐसा ही है। जब हम इसे अपने साथ रखते हैं, तो एक प्रकार की शांति और 'प्रवाह' उत्पन्न होता है, जो हमें दूसरों को समझने और उसके साथ भली प्रकार काम करने में समर्थ बनाता है। यह ऊर्जा हमें हमारी आत्म-तल्लीनता तथा संकीर्ण सांसारिक रुचियों से मुक्त करती है। यह हमारे जीवन को प्रकाशित भी करती है। हमारे जीवन में जब यह नहीं होती है, तो हम ठोकर खा सकते हैं, लड़खड़ा सकते हैं और गिर सकते हैं।

यह ऊर्जा ईश्वर नहीं है, बीज नहीं है, लेकिन हम इसे ईश्वर से निकलनेवाली धारा (करेंट) मान सकते हैं। ईश्वर वास्तव में इस संसार में प्रेम और सच्चाई 'डालता' है। जब हम हृदय और आत्मा से ईश्वर का सही ढंग से स्मरण करते हैं, प्रेम और सच्चाई क़ी शक्ति हमारे पास टिकी रहती है और वह सबकुछ करती है, जिसके करने की आवश्यकता होती है।

जीवन व्यतीत करने का यह एक अनूठा, चिंतामुक्त तरीका है। इस ढंग से जीने में हमें ईश्वर के साथ नृत्य करने जैसा अनुभव होता है। वह नटराज है। हमें कुछ नहीं करना होता है, बस उसके नायकत्व का अनुसरण करने के लिए स्वयं को मुक्त रखें।

हमारी डोर उसके हाथों में है, वही हमें चलाता है और हमें खेल खिलाता है। उसके समक्ष प्रस्तुत रहने के लिए हमें अपने प्रयासों में केवल सच्चाई का ध्यान रखना होता है, हमारा हृदय प्रेम से भरा होना चाहिए और हमें सांसारिक प्रलोभनों से दूर रहना चाहिए। जब हम उससे जुड़े रहते हैं, हम उसके संकेतों को पकड़ने योग्य हो जाते हैं और उन संकेतों के अनुसार चलते-फिरते हैं, वह शक्ति प्राप्त करते हैं, जो हमसे उसका कार्य करा सके। फिर दूसरे लोग भी वही करने की चाह लिये खिंचे चले आते हैं। यदि हमारी पुरानी प्रकृति हमें एक सच्चा वाद्य बनने से रोकती है, तो संगीत इतना मधुर नहीं होगा।

सोने में मिला खोट

तब सवाल यह उठता है कि यदि यही सच है, तो यह इतना भ्रामक क्यों है? संसार में इतनी अधिक कटुता क्यों है? हम अपने गिरजाघरों, मसजिदों, मंदिरों, घरों और स्कूलों में इस प्रेम एवं ज्ञान के निकट आना क्यों नहीं सीखते हैं?

वास्तव में ऐसे उपदेश सदैव मौजूद रहते हैं, जिनके दिखाए मार्ग पर चलकर

हम दिव्य के निकट पहुँच सकें, किंतु हमने सामान्यत: उनकी अनदेखी की है, उपेक्षा की है या उनको समझने में गलती की है। अतीत में आध्यात्मिक विद्वानों ने अपने उपदेशों से लाखों-करोड़ों लोगों का उत्थान किया और उन्हें सहारा दिया। उन्होंने मानव जाति को उच्चतर सच्चाइयों की याद दिलाते हुए जीवन-यापन हेतु ऐसे मार्ग अपनाने की शिक्षा दी, जिससे वे समरसता एवं प्रसन्नता के साथ जी सकें।

तथापि समय के साथ-साथ, जैसे-जैसे मानव परिवार की अवस्था अधिक होती गई, इसकी तादाद बढ़ती गई और इसकी स्मृति अधिक लंबी होती गई, आध्यात्मिक जागरूकता उतनी ही तेजी से घटती चली गई। हमारी चेतना का अधिकाधिक झुकाव शरीर तथा हमारे चारों ओर के भौतिक संसार की ओर हो गया।

यदि हम मानव-जाति की मूल भावना को शुद्ध सोने का समझते हैं, तो ऐसा प्रतीत होता है, जैसे इसके अंदर खोट मिल गया हो। शांति और संपन्नता के समय में भी, मानव-प्रकृति की जड़ में बसी करुणा का प्रभुत्व अभी तक कायम था; हालाँकि बहुत घटिया, निकृष्ट भावना की अंतर्धाराएँ तब भी मौजूद थीं। परिस्थितियाँ जब अधिक कठिन हो जाती हैं, तो हिंसा भड़क उठती है।

महान् धर्मगुरुओं ने हमें शुद्ध चेतना का सौंदर्य और महत्त्व दिखलाया, लेकिन बहुत लोगों का विचार है कि धर्म खोई हुई वास्तविकता अथवा सच्चाई को तलाशने की लालसा में सिमटकर रह गया था। कुछ लोगों ने करुणा और सद्‌गुण की ऐतिहासिक संत-प्रतिमाओं, मूर्तियों की पूजा में अपना समय, शक्ति और धन लगाना शुरू कर दिया। दूसरों ने सुख-शांति पाने के लिए धर्म-सिद्धांतों और कर्मकांडों का आसरा लिया या वे आँख-मूँदकर सत्ताधारियों की आज्ञा का पालन करने लगे। ऐसी प्रथाओं से कभी-कभी संबल अवश्य प्राप्त हुआ, किंतु अंतत: इन प्रथाओं ने स्वयं में सच की पुनर्स्थापना के लिए आवश्यक व्यक्तिगत प्रयास का स्थान ले लिया।

संस्थागत रूप से जो धर्म कभी मानव कुटुंब की एकता का पाठ पढ़ाया करते थे, बाद में फूट डालनेवाले और बहुत ही थोड़े अंतर से स्वार्थ-सिद्धि के काम आनेवाले सिद्धांतों के समर्थक बन गए, अथवा शक्ति और नियंत्रण का प्रयोग करने के साधनों में बदल गए।

तथ्यों का सामना करना

हाल के वर्षों में बहुत-से लोगों का इन दोषों एवं कमियों के कारण धर्म पर से विश्वास उठ गया, लेकिन उसकी जगह वैज्ञानिक भौतिकवाद समेत अनेक

विचारधाराएँ चल पड़ीं और बहुत हद तक वे भी अपर्याप्त साबित हुईं। इन विचारधाराओं ने मानव-भावना की कमजोरियों की ही अनदेखी नहीं की, बल्कि उनकी शक्तियों को भी भुला दिया।

यह सब मानवीय अनुभव की वास्तविकता का एक हिस्सा रहा है। इसके बारे में क्रुद्ध या दु:खी होनेवाली कोई बात नहीं है, बल्कि यह सच्चाई है, जिससे मुँह नहीं मोड़ सकते। क्रोध और शोक हमें नकारात्मक ऊर्जा के ऐसे क्षेत्रों में और भी अधिक गहरे ले जाते हैं, जो ईश्वरीय सत्य के बहुत विपरीत होते हैं।

न केवल अपने अंदर, अपितु दूसरों के अंदर भी मानवीय दशा की वास्तविकता जैसी आज है, उसका सामना करने के लिए साहस चाहिए। जब हमारे अंदर साहस का अभाव होता है, हम अपनी दुर्बलताओं से आँख चुराने लगते हैं, अपने अंदर तरह-तरह के भ्रम पाल लेते हैं, ताकि उन दुर्बलताओं की ओर हमारा ध्यान न जाए और जिस तरह का व्यवहार हम करने लगते हैं, उससे कुछ समय के लिए हमें सहारा भले ही मिल जाए, लेकिन हम यह भूल जाते हैं कि ऐसी सोच और ऐसा व्यवहार हमारे अंदर के अंधकार को और गहरा कर देता है।

एक लंबे समय तक हम इसी भ्रम में जीते रहे हैं। हमने इस संसार में अपने लिए एक ऐसा स्थान खोज लिया, जो बाहरी शर्तों और सामाजिक प्रथाओं का पालन करने पर निर्भर था। हमने पेशे और कारोबार खड़े किए, प्रतिष्ठा और हैसियत बनाई, परिवारिक संबंध और रिश्ते बनाए। ऐसा नहीं है कि इनमें से कुछ भी भीतरी रूप से गलत था, लेकिन हमने इन प्रयासों का प्रयोग अपने अहं को पोषित करने के लिए किया, जिसका बसेरा दिमाग में है, न कि हमारे अस्तित्व के हृदय में, जो आत्मा के अंदर रहता है।

बाहरी से संबद्ध होना

चूँकि हमारी बुद्धि स्मरणशक्ति तथा विद्यार्जन पर निर्भर करती है और समयबद्ध है, हमारा हृदय हमें बाहरी दुनिया से जोड़ता है। हमारी कहानी से हृदय को दूर करते ही अहं अधिकाधिक द्वेषपूर्ण हो जाता है। यह हमें निरंतर लेनेवाला बनाए रखता है, देने की नहीं सोचता; हमेशा भूखा रहता है और कभी संतुष्ट नहीं होता है। इस प्रकार का अहं रक्षात्मक एवं स्वार्थी क्रियाओं को उभारता है, जो असंवेदनशीलता की एक मोटी परत अंदर जमा देती हैं। अंततः ये परतें बेचारे हृदय को चारों ओर से इस कदर घेर लेती हैं कि हम फिर समझ ही नहीं पाते हैं कि हम दूसरों के साथ-साथ खुद को भी कितना नुकसान पहुँचा रहे हैं।

हम तर्क और विवेक की पूजा करते हैं, किंतु ये दिमाग पर आधारित कुशलताएँ हैं और दिमाग के पास कोई जन्मजात नैतिक बोध नहीं होता है। चेतना जो हमारे हृदय और आत्मा में बसती है, काम नहीं कर पाती है। हम अपने ही द्वारा किए जा रहे 'अतिक्रमण' को देख नहीं पाते हैं। फिर हम समझ नहीं सकते हैं कि जीवन में निरंतर इतना संघर्ष क्यों है। यह जीते-जागते मृत्यु समान हो जाता है। हो सकता है, यदा-कदा हमें अपनी वास्तविक प्रकृति के अनुरूप प्रेम, शांति और सुख की झलक मिल जाए, किंतु इन गुणों को अविरल रूप से अनुभव और अभिव्यक्त करना एक असंभव सपने जैसा प्रतीत होता है।

यह महसूस कर सकता है, मानो हम बालू के ढेर में गिर पड़े हों। हम उससे बाहर निकलने की जितनी कोशिश करते हैं, उतने ही अंदर धँसते चले जाते हैं। हर कोई ऐसी स्थिति में नहीं होता है। कुछ लोग, अच्छे चरित्र के होते हैं, जिसके कारण वे अपनी जीवन-नैया आसानी से पार लगाने में सफल हो जाते हैं और उनकी सोच-समझकर कदम उठाने की क्षमता उनकी स्पष्टता एवं सामर्थ्य को बनाए रखने में सहायक सिद्ध होती है।

तथापि दादी जानकी का कहना है कि उन्होंने समस्त विश्व का भ्रमण करके यह स्पष्ट जान लिया है कि सब जगह मानवजाति इतने अंधकार एवं भ्रम में जी रही है कि ज्यादातर लोग दुःख भोगने के लिए विवश हैं। उन्हें यह सोचकर बड़े उत्साह का अनुभव होता है कि जिस प्रकार उन्होंने तथा अन्य अनेक लोगों ने ब्रह्माबाबा के माध्यम से ईश्वर से प्राप्त ज्ञान एवं प्रेम के फलस्वरूप पुनर्जन्म महसूस किया और अपने जीवन में एक नवीकृत चेतना विकसित एवं बनाए रखने के तरीके जाने, दूसरों को भी वही अनुभव प्राप्त होने चाहिए।

दादी कहती हैं—

> अनुभव मुझे बताता है कि इतिहास में, इस गहन अंधकार के युग में, परिवर्तन करने की शक्ति हम केवल ईश्वर से प्राप्त कर सकते हैं। ईश्वर का 'श्वास' भी पर्याप्त नहीं है, उसके उद्‌गम को जाने बिना और स्वयं स्रोत से जुड़ने की हिम्मत के बिना। जब हममें साहस होता है, हमें ईश्वर से हजार-गुना वापस मिलता है, शुचिता, प्रसन्नता और शांति में पूर्ण होकर। मेरे जीवन का यही आधार रहा है।

मानवीय विश्व-वृक्ष का बीज

नवीकरण की इस प्रक्रिया के बारे में सोच-विचार करने का एक शक्तिशाली

तरीका यह है कि हम ईश्वर को मानवीय विश्व-वृक्ष के बीज के रूप में जानें और यह भी कि बीज के सक्रिय होने का यही समय है। मानवीय दृष्टि से ऐसा प्रतीत होता है, मानो हमारा आध्यात्मिक पिता, परमात्मा हमारे निकट आ रहा है। वह हमारी ओर अपनी बाँहें खोल रहा है और कह रहा है, ''मेरे प्रिय, बहुत समय से बिछुड़े और अब मिले। बच्चो, मेरे पास आओ और मैं तुम्हें फिर से परिपूर्ण बना दूँगा।''

हम इस प्रेमपूर्ण, सुखद और शक्तिदायक ऊर्जा को महसूस कर सकते हैं, जब हम अंतर्मुखी बने रहने की आदत डाल लेते हैं। हमें इस सीमा तक इसका अनुभव होता है कि हम अंदर-ही-अंदर पिघल जाते हैं और ऐसी अनुभूति होती है, मानो परम प्रिय लोहे को सोने में परिवर्तित कर रहा है, जैसे कीमियागरों ने करने की कोशिश की।

फिर जब तक हम अंदर स्वच्छ रहते हैं, हम सोच-विचार के उन भ्रामक तरीकों से बचे रहेंगे, जो हमारी खुशी को पी जाते हैं। परिवर्तन का काम सच्चाई, प्रेम और शांति मिलकर करते हैं।

योग की अग्नि अनेक जन्मों से आत्मा के अंदर ठहरे हुए 'अश्रु-कूप' को मिटा देती है और हमें इस योग्य बना देती है कि हम शरीर के प्रभाव से परे जा सकें तथा परम-ऐंद्रिय सुख का आनंद उठा सकें। हमारी संगति में दूसरे लोग भी वैसा ही अनुभव कर सकेंगे। जब हम खरा सोना बन जाते हैं, हमारे स्पंदन और उदाहरण से दूसरों को भी पूर्ण परिवर्तन के मार्ग पर चलने की प्रेरणा मिलती है।

जब कभी संभव हो, शांति की गहराइयों, स्वयं की गहराइयों में जाने का अवसर निकालें। फिर जो शांतिमय भावनाएँ आपके निकट आएँगी, आपको बहुत आनंद की अनुभूति होगी। उस गहरी शांति में आप शक्ति-संचित करते हैं और उस शक्ति के द्वारा आप एक उन्नत वातावरण का निर्माण करते हैं। चूँकि आपके आस-पास के लोग इस वातावरण के स्पंदन का अनुभव करते हैं, वे अपने हृदय से आपको आशीर्वाद देंगे।

स्वयं को पूर्ण शांति का अनुभव प्रदान करें, भले ही एक मिनट का अनुभव हो। अपने आप से पूछें, ''मैं कौन हूँ? मेरा कौन है?'' इस ज्ञान को अपनाएँ कि आप एक पवित्र आत्मा हैं, पदार्थ के खिंचाव से मुक्त और यह कि आपका पिता, परमात्मा आपका सखा है, इससे शक्ति आती है, जो आपको इतना समर्थ

बनाती है कि आप स्वार्थी क्रिया-कलापों पर विजय पा सकें और यह शक्ति उस नकारात्मकता को भी समाप्त कर देती है, जिसका अनुभव आपको दूसरों को देखते रहने के समय हो सकता है। आप एक निश्चिंत नरेश बन जाएँगे, क्योंकि आप महसूस करेंगे कि ईश्वर सबकुछ करा रहा है।

शांति हमें अंतर्मुखी बनना देती है और अंतर्मुखता हमें शांति का महत्त्व समझने योग्य बनाती है। यह हमें ईश्वर को उस परमात्मा को अपने समक्ष रखने देती है, जो हमेशा इस भौतिक लोक के परे रहता है और हम उस नियति को भी याद रख पाते हैं, जो नियति हमें ईश्वर से प्राप्त होती है।

दिव्य संबंध

जब यह ज्ञान स्वाभाविक हो जाता है, हमें आत्म-चेतना में रहने और फिर ईश्वर का स्मरण करने के लिए प्रयास नहीं करना पड़ता है, किंतु वस्तुत: दिव्य संबंध की शक्ति हमारे माध्यम से एक स्वत: प्रवृत्त ढंग से काम करती है। जब यह सूक्ष्म संपर्क सुस्थापित हो जाता है, यह हमें इस चेतना के साथ रहने योग्य बनाता है कि ईश्वर की शक्ति हमारे माध्यम से काम कर रही है और हर काम को आसान बना रही है। ईश्वर हमारी सभी शुद्ध इच्छाओं को पूरा करता है, जब हमारा लक्ष्य स्पष्ट हो और हृदय साफ एवं सच्चा हो।

ईश्वर से प्राप्त यह शक्ति हमें प्रेममय तथा अनासक्त बनाती है। शरीर में रहते हुए भी, हम अशरीरी होने की एक अवस्था का सुख पा सकते हैं। यह अनुभव ऐसा होता है, मानो शरीर यहाँ है, लेकिन मन उधर बीज के साथ है। हम हर चीज से मुक्त हो जाते हैं और उस मुक्ति के अंदर हमें एक ऐसी अनुभूति होती है कि हम परिपूर्ण हैं, पूर्णतया संतुष्ट हैं, शांतिमय हैं तथा हमारे मन में कोई विचार उत्पन्न नहीं हो रहे हैं। इस प्रकार की मधुर शांति में रहने से हम ईश्वर के स्मरण का अवतार बन जाते हैं और फिर उन शुद्ध, उत्कृष्ट स्तर की भावनाओं की शक्ति हमारे जीवन में हर काम का ठीक से होना संभव बना देती है।

राजयोग हृदय से संबंध रखता है। जब आप किसी से प्रेम करते हैं, किसी प्रयास की गुंजाइश नहीं रहती है। केवल इन विचारों और भावनाओं को अपने हृदय, मन, बुद्धि और मानसिकता में लेकर चलें तो आपका जीवन खूबसूरत हो जाएगा। हृदय जब साफ तथा सच्चा होता है, मन शांतिपूर्ण रहता

है एवं बुद्धि ठीक काम करती है। वे सब संबद्ध हैं। बुद्धि जब अंतर्मुखी और केंद्रित रहती है, ध्यान लगाना आसान हो जाता है और मन कमजोर विचारों से मुक्त रहता है। बुद्धि के लिए यह जानना आवश्यक हो जाता है कि क्या याद रखना है और क्या भुला देना है। यदि आप कूड़ा-कर्कट अर्थात् व्यर्थ विचारों को अंदर रहने देते हैं, वह किसी राजयोगी का जीवन नहीं है। यदि हम बहिर्मुखी दशा में चले जाते हैं, हम नीरवता का अनुभव नहीं कर सकते।

हमारे विचार हमारी मानसिकता का आधार हैं और हमारी मानसिकता के अनुसार होते हैं, हमारी दृष्टि पर भी यही बात लागू होती है। हम बहिर्मुखता, दैहिक-चेतना से जुड़े विचारों तथा व्यवहार का त्याग करके ईश्वर की दृष्टि में बने रहते हैं और फिर ईश्वर को हम अपनी आँखों से देख सकते हैं, वह हमें एक झलक से दूसरों को दूर ले जाने की क्षमता प्रदान करता है।

नमन करने, अपनी पुरानी प्रकृति के प्रति मरणोन्मुखी होने, ईश्वर से ज्ञान प्राप्त करने से और बाकी सबकुछ एक तरफ रखकर हम आँखों की रोशनी बन जाते हैं। फिर हम खुश रहते हैं और हमारे साथ दूसरे लोग भी खुश रहते हैं। जब हम पहली बार चिंतन करना और इस ढंग से महसूस करना सीख रहे थे, दूसरों ने इसे हमारी कल्पना कहा। वे हमारी प्रशंसा नहीं कर रहे थे। तथापि कल्पना उस नकारात्मक अर्थ में कुछ अवास्तविक होती है और जो कुछ भी अवास्तविक है, वह अंततः आपको ले डूबेगा। उसके विपरीत, हम इन विचारों एवं प्रथाओं के साथ 75 वर्ष से भी अधिक समय से अभ्यास करते आ रहे हैं और उनके कारण हम व्यक्ति के रूप में तथा एक संगठन के रूप में भी फल-फूल रहे हैं। मैं आपको यह विचार करने का न्योता देता हूँ कि हम सच्चाई के साथ काम कर सकते हैं।

□

भाग-3 : मृत्यु

"अपने आपको परम पिता के नाम समर्पित कर दें। मृत्यु से हर पल साक्षात्कार करो तो मृत्यु का भय समाप्त हो जाएगा।"

—**सी.एस. लेविस**

11

एक नियति पाना

'नेत्रहीन को राह दिखा प्रभु
पग–पग ठोकर खाऊँ मैं।'

एक कहावत है, "एक विचार बोओगे, एक कर्म काटोगे; एक कर्म बोओगे, एक आदत काटोगे; एक आदत बोओगे, एक चरित्र काटोगे; एक चरित्र बोओगे, एक नियति काटोगे।"

दादी जानकी ने अपना जीवन इस आधार पर निर्मित किया है कि ईश्वर एक नए विश्व के लिए एक नई चेतना का निर्माण करने के उद्‌देश्य से अपना पूर्ण प्रेम और ज्ञान हमारे साथ बाँटकर, हमें इतिहास के इस असाधारण युग में एक महान् नियति प्राप्त करने का एक अवसर प्रदान कर रहा है। तथापि हमें उसके बुलावे का उत्तर देना है। हमें अपने विचारों, कर्मों, आदतों और चरित्र का नवीकरण करना है।

क्या आप, दादी के शब्दों में—उस निरूपाधिक स्वीकृति, गुणग्राहकता और श्रद्धाभाव को समझ सकते हैं, जो परमात्मा हमारी ओर बढ़ाता है और यह भी कि कैसे वह नवीकरण को सक्रिय करता है? केवल परमात्मा ही यह ऊर्जा दे सकता है, क्योंकि सदैव 'स्टेज से परे' रहते हुए अपने विशिष्ट स्थान से, अर्थात् संसार के उस नाटक के बाहर, जिसमें हम सब अभिनेता हैं, ईश्वर पूरी तसवीर को दृष्टि में रखता है। वह स्वयं को ज्ञान का महासागर और प्रेम का महासागर भी कहता है। परमात्मा के पास जो ज्ञान है, वह ज्ञान किसी प्रकार की चतुराई पर

निर्भर नहीं करता है, बल्कि चेतना की शुद्धता पर निर्भर करता है।

उस दृष्टि की वही शुद्धता और उसका सही विस्तार हम पुनः प्राप्त कर सकते हैं, लेकिन एक नए ढंग से पूर्णतया जीवंत निरंतर जाग्रत् होने के लिए हमें पुराना चोला त्यागना होगा। ऐसा तीन चरणों में होता है—अपनी पुरानी प्रकृति के प्रति मरणोन्मुख होना; पुरानी काया के प्रति मरणोन्मुख होना और पुराने संसार के प्रति मरणोन्मुख होना। अंततः हम देवदूत बन जाते हैं, प्रकाश-दीप बन जाते हैं और दूसरों को वही रास्ता दिखाने का काम करते हैं, अंधकार से उजाले की ओर जाने का रास्ता।

□

12

अपनी पुरानी प्रकृति की तरफ से मन का जाना

'मरना तेरी गली में, मरना तेरी गली में
जीना तेरी गली में, मरना तेरी गली में
बीतेगी उम्र सारी अब तो तेरी गली में।'

अहं स्मरणशक्ति के द्वारा मस्तिष्क के अंदर स्वयं के बारे में निर्मित एक भावना है। इसमें पहचान के अनेक भिन्न-भिन्न घटक होते हैं, जो हम जीवनकाल के दौरान प्राप्त कर लेते हैं। मनोवैज्ञानिकों का कहना है कि हमें एक स्वस्थ अहं की जरूरत होती है। यह हमारे लिए कुछ मानदंड निर्धारित करता है, जिनकी परिधि में रहकर हमें जीवन व्यतीत करना होता है, जो हमें अपने आस-पास की दुनिया में रहने योग्य बनाते हैं और जिन मानदंडों को दूसरे भी स्वीकार कर सकते हैं।

हमारी समस्याएँ इसलिए उत्पन्न होती हैं, क्योंकि अधिक गहरे आत्मज्ञान के अभाव में अहं की बनावटें हमारे आत्मबोध का रूप ले लेती हैं। हम अहं का ढाँचा तैयार करने में इतनी अधिक शक्ति झोंक देते हैं कि वे हमारे सेवक बनने की बजाय, हमारे मालिक बन बैठते हैं। कहने का तात्पर्य यह है कि वे जीवन-नैया को ठीक से खेने, पार लगाने में हमारी मदद करने की बजाय, हमारे ऊपर माँगों का भार लादना शुरू कर देते हैं। बजाय इसके कि हम आसानी से अपनी भूमिकाएँ निभा सकें, हम विभिन्न तरह से अपने आपको साबित करने की दौड़-धूप में पड़ जाते हैं—पुरुष

और स्त्री के रूप में, माता-पिता के रूप में, परिवार का भरण-पोषण के रूप में, नागरिक के रूप में, धर्मों के सदस्यों के रूप में, 'भले लोग' के रूप में या दबंगों के रूप में, नेताओं या अनुगामियों के रूप में, इस सूची का अंत नहीं।

इन या अन्य अनगिनत भूमिकाओं को निभाने में कुछ भी गलत नहीं है। भूल यह थी और है कि हम भूमिका और आत्मा में भेद नहीं कर पाते हैं, सोच बैठते हैं कि हम ही ये भूमिकाएँ हैं। उस भूल का परिणाम है कि समय के चलते, भूमिका बराबर कठोर-से-कठोर माँगें करने लगती है, क्योंकि हमारी यह चिंता अधिक बढ़ जाती है कि अगर हमने माँग पूरी नहीं की तो न जाने क्या हो जाए। चिंता जितनी बढ़ती जाती है, भूमिका उतनी ही अधिक बोझिल हो जाती है। बजाय इसके कि अपने वास्तविक अस्तित्व के गुणों—निश्चिंतता, प्रेम और सकारात्मकता, जो आत्मा में अंतर्निहित होती हैं, को हम भूमिका में ला सकें, भूमिका हम पर हावी हो जाती है और उन मूलभूत, अंतर्निहित गुणों तक पहुँचना और भी अधिक कठिन हो जाता है।

अब हमें इस दोहरे बंधन, इस अंधकार से बच निकलना है। ऐसा कर सके तो पुरस्कार इतना महान् होगा, जिसकी थाह पाना असंभव है। हम ईश्वर को जान सकते हैं और आत्मा को मुक्त कर सकते हैं अथवा हम यह भी कह सकते हैं, आत्मा को मुक्त करो और ईश्वर को जानो। जैसे भी मानें, प्रमुख गुण हैं विश्वास और साहस, जो हमें प्राप्त करने चाहिए। हमें गहराई से समझने की आवश्यकता है कि ईश्वर हमें क्या देनेवाला है और इसके साथ हमें सोच-विचार के उन पुराने तरीकों और दकियानूसी अस्तित्व का बार-बार 'परित्याग' करने के लिए साहस प्राप्त करना चाहिए, जिनके कारण हम अपनी सीमित पहचानों में फँसे रहे हैं।

ब्रह्माबाबा का उदाहरण

ब्रह्म कुमारियों ने जब यह कार्य 75 वर्ष से भी अधिक समय पहले आरंभ किया, उस समय संस्थापक सदस्यों को ब्रह्माबाबा की तत्काल मौजूदगी और दर्शन का लाभ प्राप्त था। वे अपने पहले वाले जीवन का पूर्ण परित्याग कर चुके थे। उन्होंने अपने परिवार के भरण-पोषण के लिए पर्याप्त व्यवस्था कर दी और अपने उन नाते-रिश्तेदारों का दिव्य समाज में स्वागत किया, जो नई जीवन यात्रा में उनके साथ आना चाहते थे, लेकिन उन्होंने मन में निश्चय कर लिया था कि वे सीमित पिता की भूमिका में नहीं रहेंगे। इसकी बजाय, उन्होंने स्वयं को मानवजाति के पिता के रूप में देखा, क्योंकि वे यह मानते थे कि ईश्वर ने उन्हें आध्यात्मिक पथ-

प्रदर्शक की भूमिका निभाने का आदेश दिया है।

रिश्तेदारों, कारोबारी, सहयोगी और धार्मिक तथा सामुदायिक नेताओं का ब्रह्माबाबा पर उपदेश देने का कार्य त्याग देने के लिए बहुत दबाव डाला, क्योंकि उनके विचार में ब्रह्माबाबा के उपदेश जीवन के स्थापित तौर-तरीकों को छिन्न-भिन्न करनेवाले थे, लेकिन वे किसी दबाव में नहीं आए। उनके इस कदम से न केवल उनकी सामाजिक प्रतिष्ठा पर आँच आई, बल्कि उन्हें दूर-दूर तक अछूत माना जाने लगा। इस अनहोनी की खबर पूरे भारत में फैल गई और लंदन व अमरीका तक पहुँच गई।

यद्यपि उस समय दादी जानकी आयु में ब्रह्माबाबा से बहुत छोटी थीं और उनको बहुत कुछ खोना भी नहीं था, फिर भी उन्हें नाते-रिश्तेदारों द्वारा कड़ी भर्त्सना का पात्र बनना पड़ा और यह सब सहन करने के लिए गहरे विश्वास, साहस और दृढता की आवश्यकता थी। उन आरंभिक वर्षों में, अनेक बहनों को अपने-अपने परिवारों की तरफ से भारी दबावों का सामना करना पड़ा, जो चाहते कि वे अपनी आध्यात्मिक आकांक्षाओं को त्याग दें और 'सामान्य' जीवन जीने के रास्ते पर लौट आएँ।

कुछ लोग दबाव में आ गए। कहावत चल पड़ी कि जीवित रहते हुए, पुराने संबंधों तथा नाते-रिश्तों के लिए 'मर जाना' अपनी चाची-ताई के घर जाने जैसा नहीं है।

आज ब्रह्म कुमारियों को भारत के अंदर सामान्यत: आदरभाव से देखा जाता है, लेकिन दूसरे देशों में कभी-कभी भ्रांतियाँ उठ खड़ी होती हैं और ऐसे अवसर भी आए हैं, जब मुझे भी महसूस होने लगा था कि यह सफर बहुत कठिन है।

लेकिन यह काम बहुत महत्त्वपूर्ण है। हम स्वयं को आत्मा के रूप में जितना अधिक जानते-समझते हैं और परमात्मा का स्मरण करते हैं, दूसरों के साथ सकारात्मक रूप से विचार-विनिमय करने की हमारी क्षमता उतनी ही अधिक तीव्र एवं सशक्त हो जाती है। हरदम लालायित रहनेवाले अहं की माँगों से अधिकाधिक मुक्त रहकर ही हम दूसरों की आवश्यकताओं और उनके गुणों को स्पष्टत: देख सकते हैं तथा अपनी मौलिक, प्रेममय एवं शांतिपूर्ण प्रकृति को अनुभव कर सकते हैं।

विरोधाभास की दृष्टि से, हम अपनी दैहिक-चेतना से जितना अधिक दूर जाते हैं और प्रेम एवं सच्चाई के साथ परस्पर व्यवहार करते हैं, हम उतने ही अधिक जीवंत हो जाते हैं। अपनी मौलिक शक्ति को फिर से पाने में जो खुशी मिलती है, उसकी कोई सीमा नहीं है।

आत्मा कैसे बदलती है

पूर्व में, पुनर्जन्म और आत्मा की निरंतरता में लोगों का बहुत अधिक विश्वास है। तथापि यह विश्वास किसी गहरी, पक्की धारणा की अपेक्षा मन को सांत्वना पहुँचानेवाला विचार अधिक प्रतीत होता है। लोगों का मानना है कि उनका व्यक्तित्व एवं चरित्र उनकी मृत्यु के बाद भी किसी-न-किसी तरह कायम रहेगा और अगले जन्म-जन्मांतर तक यों ही चलता रहेगा।

उनका ऐसा मानना और समझना उचित ही है कि इस जन्म के हमारे कर्म अगले जन्म में हमारे साथ होनेवाले घटनाक्रम को प्रभावित करते हैं और यह भी कि प्रत्येक इनसान के अच्छे या बुरे कर्मों के अनुसार हमें कल को भोगना होगा। तथापि एक सामान्य धारणा यह भी है कि स्वयं आत्मा कर्म से अप्रभावित रहती है। अत: इस प्रकार की विचार शैली में, एक बात स्पष्ट है कि पिछले कर्मों के परिणामों को साथ लेकर पुनर्जन्म लेनेवाला 'मैं' आत्मा से भिन्न होगा, जो कर्म से निरापद एवं उन्मुक्त रहता है।

राजयोग के उपदेशों में ग्रहण शक्ति सूक्ष्म रूप से, किंतु अत्यधिक भिन्न होती है। हम आत्मा हैं और यद्यपि हमारी मौलिक प्रकृति शुद्ध एवं शांतिपूर्ण होती है, फिर भी हमारे कर्म स्वयं आत्मा को प्रभावित करते हैं, जिसके कारण इसकी पूर्ववृत्तियाँ बदल जाती हैं। भौतिक शास्त्र में गणितीय अवधारणा की तुलना में एक समरूपता है, जो तरंग क्रिया कहलाती है और जो किसी कण या भौतिक प्रणाली के प्रकट होने की अनेक संभावनाओं को दरशाती है, यह क्रिया समय के साथ-साथ विकसित होती है।

आत्मा इस भौतिक जगत् में अपनी यात्रा एक निर्मल निष्पाप सत्ता की अवस्था में आरंभ करती है, किंतु परिस्थितियाँ धीरे-धीरे इसे प्रभावित करने लगती हैं, इस हद तक कि अन्य प्रवृत्तियाँ इसकी सादगी और शुद्धता संबंधी मौलिक स्थिति में फेर-बदल कर देती है। इनमें से कुछ प्रवृत्तियाँ व्यक्ति के रहन-सहन के तौर-तरीके के अनुसार कुछ नकारात्मक और कुछ सकारात्मक होती हैं, किंतु जहाँ तक मूलभूत ईश्वरत्व का संबंध है, वे सब इस बात से सहमत हैं कि सभी आत्माओं का स्रोत हमारा पिता है, बीज है।

जब हमारा पुनर्जन्म होता है, हम इन प्रवृत्तियों को अपने साथ ले आते हैं। फिर भी ऐसा नहीं है कि हमने एक जन्म में जिस व्यक्तित्व या चरित्र का अनुभव किया होता है, वह संपूर्ण व्यक्तित्व या चरित्र हमारे साथ अगले जन्म में चला जाता हो। पिछले व्यक्तित्व की बहुत कुछ स्मृति मस्तिष्क और शरीर से अभिव्यक्त

होनेवाली होती है। जब हम शारीरिक रूप से मर जाते हैं, उन स्मृतियों की वही पकड़ हमारे ऊपर फिर नहीं रहती है और वे सामान्यत: बहुत शीघ्र मिट जाती हैं।

जब हम एक नई काया प्राप्त कर लेते हैं और नई परिस्थितियों में नए संबंधों के साथ, एक ताजा दिमाग का इस्तेमाल करते हुए एक नए जीवन की शुरुआत करने हेतु आवश्यक साधन जुटाने में लग जाते हैं, हमारा व्यक्तित्व पिछले जन्म के व्यक्तित्व से अलग होता है। तो भी, हमारे पिछले जीवनानुभव से हमारे साथ चली आईं कुछ पूर्ववृत्तियाँ भी सामने आएँगी, जैसे-जैसे हमारी नई भूमिका उद्घाटित होगी। प्रत्येक आत्मा की एक अनूठी पहचान होती है, जो मन पर एक विशिष्ट चरित्र की छाप लगा देती है, हालाँकि यह विकास के दौरे से गुजर रही होती है।

कर्म सिद्धांत की गलत व्याख्या

यह स्पष्टीकरण मानवजाति के लिए महत्त्वपूर्ण है। आत्मा की वास्तविक प्रकृति की अनदेखी करना भी उन अनेक कारणों में से एक कारण था, जो हमें अधोगति की ओर ले गए। लोग जब समझ नहीं पाते हैं कि उनके कर्म ही स्वयं आत्मा के लिए दीर्घकालीन परिणाम लेकर आते हैं, यह एक गलतफहमी है, जो उन्नत व्यवहार को निरुत्साहित करती है और इस बारे में सचेत होने से रोकती है कि जीवन में आत्मा किस गलत दिशा में जा रही है।

उदाहरण के लिए, भारत में अधिसंख्य लोग कर्म के इस सिद्धांत में विश्वास करते हैं कि जैसा बोओगे, वैसा काटोगे, लेकिन इसकी व्याख्या कभी-कभी इस ढंग से की जाती है कि उसके फलस्वरूप लोग आत्मोत्थान या आत्मसुधार के लिए प्रयत्न की अपेक्षा यथास्थिति को चुपचाप स्वीकार कर लेते हैं।

यह कमजोरी इसलिए पैदा हुई है, क्योंकि हम समझ नहीं सके हैं कि आत्मा कर्म से उन्मुक्त नहीं है, बल्कि सकारात्मक और नकारात्मक कर्मों के परिणाम आत्मा स्वयं वहन करती है। चेतना धीरे-धीरे मर जाती है। लोग सोचते हैं कि एक अधूरे, दोषपूर्ण संसार में जीवन कभी-कभी हमसे स्वार्थी होकर काम करने की अपेक्षा अवश्य करता है। वे इस सोच में सुकून महसूस करते हैं कि किसी प्रकार का कोई दान करने से सब कुछ ठीक हो जाएगा। इस भ्रष्ट आचरण का प्रभाव आत्मा पर क्या होगा, उस ओर ध्यान नहीं दिया जाता है।

तीन अत्यंत महत्त्वपूर्ण सच

पाश्चात्य धार्मिक परंपरा में यह जो धारणा है कि मृत्यु के बाद हम या तो

स्वर्ग जाते हैं या नरक, इसमें भी इसी प्रकार की कमियाँ हैं। संभव है, यह धारणा कभी सद्-व्यवहार के लिए प्रेरणा सिद्ध हुई हो, लेकिन यह धारणा अत्यंत महत्त्वपूर्ण तीन-तीन सच्चाइयों की ओर ध्यान खींचने में विफल रही है।

एक तो यह कि आत्माओं के रूप में हम सभी ईश्वर की संतान हैं, 'उसकी छवि में निर्मित।' परमात्मा अपने समस्त बच्चों को प्यार करता है, यद्यपि उस प्रेम को पहचानने और आत्मसात् करने की हमारी क्षमता एक-दूसरे से भिन्न है।

दूसरा सच यह कि मानव के रूप में हम विश्व के रंगमंच पर अभिनेता हैं और अपनी-अपनी भूमिका निभा रहे हैं, भूमिका आत्मा नहीं है और इसीलिए ईश्वर की दृष्टि में आत्मा कभी भर्त्सना का पात्र नहीं होती है।

एक तीसरा सच यह है कि उजाले से अँधेरे में जाने का, नए से पुराने की ओर तथा पुराने से नए की ओर जाने का नाटक निरंतर चलता रहता है। नाटक के अंत में, सभी आत्माएँ 'स्टेज से परे' अपने घर लौट जाती हैं, लेकिन वह आकाश और समय के बाहर है। शून्य में हमारा विलय नहीं होता है। हम एक संभाव्यता की दशा में, अपनी व्यक्तिगत मानवीय भूमिकाओं के अनूठेपन को अपने पास रखे रखते हैं। बीच के समय के अंदर नाटक अविच्छिन्न रहता है।

इन सच्चाइयों को समझना अत्यावश्यक है, क्योंकि इनसे यह संकेत मिलता है कि किसी भी व्यक्ति के लिए न तो अनंत अभिशाप हेतु अपराधी सिद्ध किया जाना संभव है, न शाश्वत आनंद या सुख-चैन पाना। दोनों धारणाएँ सीमित करनेवाली हैं। पहली धारणा भय और दोषभावना को उत्प्रेरित करती है, जिसके कारण अंदर-ही-अंदर ऐसी चिरस्थायी अशांति पैदा होती है, जो दिव्यात्मा से जुड़ने की हमारी क्षमता का ह्रास करती है। दूसरी धारणा एक पारलौकिक को उत्प्रेरित करती है, जो सुखदायक हो सकती है, लेकिन जिसके कारण हम उस आत्म-परिवर्तन तथा लोक-परिवर्तन की उपेक्षा कर सकते हैं, जो इस ग्रह को इसकी परिपूर्णता की अवस्था जैसी आरंभ में थी, पुनः प्राप्त कराने के लिए आवश्यक है।

अपने जीवन को जीने योग्य एवं महत्त्वपूर्ण बनाने की शक्ति पूरी वस्तुस्थिति को समझने और उस ज्ञान से हमारे कर्मों को विशिष्ट रूप दिए जाने से आती है।

ईश्वर सबकुछ कर रहा है

दादी जानकी कहती हैं—

अस्सी वर्ष पीछे देखती हूँ, तो मुझे महसूस होता है कि मैं बहुत अधिक घबराई हुई और भटकी-भटकी, परमात्मा से बिछुड़ी हुई थी। ईश्वर ने तब आत्मा

को छुआ और मुझे अपना बना लिया, ईश्वर से जुड़ने पर मुझे अपनी वास्तविक प्रकृति समझ में आने लगी और मैंने पुरानी प्रकृति से मुक्ति पाना शुरू कर दिया। ध्यान-साधना के दौरान मैंने ईश्वर से सबकुछ लेना सीखा, स्वयं को धैर्य, शांति और प्रेम से भरना, इच्छाओं से मुक्त होना सीखा। तत्पश्चात् मैंने दूसरों को समझना, और उदारता की भावना के साथ उनके लिए कार्य करना आरंभ किया, जैसे ईश्वर करता है, मैंने अपनी पुरानी प्रकृति के पहलुओं को मुझे उकसाने, अपने साथ बहा ले जाने का मौका नहीं दिया। मैंने जान लिया कि जब हम पिता को वास्तव में पहचान लेते हैं, तो हम स्वयं को भी पहचान जाते हैं।

इस शक्ति में जैसे-जैसे वृद्धि हुई है, मैंने बराबर यह महसूस किया है कि मैं ईश्वर के लिए एक माध्यम हूँ और एक व्यावहारिक ढंग से काम कर रही हूँ, उसके निर्देशों पर। यह अनुभव ऐसा है मानो मैं ईश्वर की संतान समान बनने के लिए पिता से इतना कुछ प्राप्त करती हूँ, इस हद तक कि मैं उसके उद्देश्य को पूरा करने का माध्यम बन सकूँ। मुझे यह अनुभूति होती है कि मेरा कुछ भी नहीं है और यह भी कि ईश्वर ही सबकुछ कर रहा है।

किसी भी प्रकार की सेवा कर चुकने पर मैं उसे अपने मन से निकाल देती हूँ। उससे संतुष्टि प्राप्त करने की बजाय उसे महासागर में फेंक देना चाहिए। कल आएगा, जब उसके पकने का समय पूरा हो जाएगा। यह स्वच्छता का एक पहलू है। यह सोचना कि 'मैंने' किया है, स्वयं के लिए हानिकारक होता है। ब्रह्माबाबा ने कभी नहीं कहा कि उन्होंने कुछ किया है। उनका मानना यह था कि हमारे माध्यम से पिता सबकुछ कर रहा है। इस लक्ष्य को सभी अपना बना सकते हैं। आपको केवल इतना करना है कि स्वयं को एक अशरीरी आत्मा, परमात्मा की संतान, हर व्यक्ति और हर चीज से निर्लिप्त होने के अनुभव का बार-बार अभ्यास करें। पूरी शक्ति यही होती है। तब हम विनम्र, निष्ठावान, आज्ञाकारी, सहनशील, वफादार और प्रेममय बनने की स्थिति में स्वयं को स्थिर करने योग्य हो जाते हैं, ताकि हम दैहिक चेतना द्वारा लाए गए असत्य, धोखे को मिटा सकें और अपने विचारों, कर्मों तथा संबंधों में ईश्वर का स्मरण ला सकें। इसके फलस्वरूप हमें ईश्वर के हृदय में स्थान मिल जाता है और फिर सबकुछ आसान हो जाता है। हम प्रत्येक को प्रेम एवं आदर देने तथा सबको खुशी देने में समर्थ हो जाते हैं।

लोग कभी-कभी मुझे बताते हैं कि उन्होंने प्रेम एवं सच्चाई की आवश्यकता को तो समझ लिया है, लेकिन उन्हें उस समय सकारात्मक रहने में कठिनाई होती है, जब वे ऐसे लोगों को अपने जीवन में सम्मिलित करते हैं, जो अपनी जरूरतों

को लेकर न केवल हर समय अड़ियल बने रहते हैं, बल्कि बहुत कठोर माँगें भी करने लगते हैं। मैं उनसे कहती हूँ कि ईश्वर, वह परमपिता मेरे हृदय में है। मैं किसी अन्य को अंदर आने नहीं देती हूँ।

समय व्यर्थ न करें। निश्चय कर लें कि यही है, जो आप चाहते हैं और फिर आप भी वैसा ही कर सकते हैं।

□

13

शरीर का त्याग करना

'ओ दूर के मुसाफिर, मुझको भी साथ ले ले रे,
मुझको भी साथ ले ले!'

विख्यात भारतीय दार्शनिक एवं शिक्षक जे. कृष्णमूर्ति ने लिखा है, ''मृत्यु को समझने के लिए आपको जीवन को समझना होगा। लेकिन जीवन चिंतन-प्रक्रिया की निरंतरता है; इस निरंतरता ने ही हमारी सारी मुसीबत को जन्म दिया है।''

इस विचार में गहरा ज्ञान है। कृष्णमूर्ति के जीवन का अधिकतर कृतित्व मन की गुणवत्ता को पहचानने, समझने से सरोकार रखता था। वे चाहते थे कि लोग मन की इस गुणवत्ता को समझें, जो हमें सच में जीवंत रहने की प्रेरणा देती है, अतीत में नहीं जीने देती। वे जीवित अवस्था के प्रत्येक क्षण में मृत्यु के सौंदर्य को देखने की महान् अंतर्दृष्टि रखते थे; वे बताना चाहते थे कि व्यक्ति को आत्म-बुद्धिमत्ता के साथ जीना चाहिए और जो अस्थायी एवं क्षणभंगुर है, उसके प्रति लगाव त्याग देना चाहिए, जैसा कि उन्होंने स्वयं किया।

आत्मा की गहराई विचार की अपेक्षा अधिक होती है। विचार-प्रक्रिया बुद्धि आधारित तथा सशर्त होती है। आत्मा की उत्पत्ति ईश्वर से होती है और यह चिरंतन है। जब हम अपनी चिंतन शैली और अपने विचारों के साथ तादात्म्य स्थापित करते हैं, हम किसी ऐसी चीज के साथ जुड़ रहे होते हैं, जो पहले ही मर चुकी है—कोई स्मृति, कोई सपना। जैसे ही हम आत्म-तादात्मीकरण की ओर मुड़ते हैं, हम तरल अथवा प्रवाहशील एवं मुक्त हो जाते हैं।

एक वकील की मृत्यु

रूसी लेखक काउंट लियो टाल्सटॉय यह समझ रखते थे और उन्होंने एक बहुत शानदार लघुकथा लिखी थी, 'The Death of Ivan Ilyich', जो इसका एक उत्तम उदाहरण है। यह लघुकथा एक सफल वकील के जीवन और उसके अंतिम दिनों के बारे में है। इवान इलिइच समझदार, विनोदप्रिय और मिलनसार था, किंतु जिस काम को वह अपना कर्तव्य समझता था, उसे करने में वह कड़े अनुशासन का पालन करता था, अर्थात् जो भी काम उसके ऊपर के अधिकारी द्वारा उसे दिया जाता, वह काम उसके लिए पत्थर की लकीर बन जाता था। वह एक निरीक्षण मजिस्ट्रेट बन गया, अपनी सामाजिक प्रतिष्ठा के उपयुक्त एक लड़की से उसने विवाह कर लिया और शानदार तरीके से अपना घर बसा लिया। अपने दोस्तों को प्रभावित करने की दृष्टि से घर को खूब सज्जित किया। सबकुछ ठीक-ठाक चलने लगा।

तथापि विवाह के कुछ ही समय बाद उसकी पत्नी चिड़चिड़ाने लगी और बड़ी माँगें करने लगी। इसका कारण जानने की कोशिश करने की बजाय वह अपने शासकीय कार्यों में अधिक-से-अधिक समय लगाने लगा। जब तक वह एक के बाद एक तरक्की पाता रहा, उसके हिसाब से समय बहुत अच्छा कट रहा था। लेकिन जब उसे दो बार पदोन्नति से वंचित रखा गया, तो उसके बाद उसका सारा जोश ठंडा पड़ गया और उसका स्वास्थ्य तेजी से बिगड़ने लगा। उसकी पत्नी के अनुसार, वह तीन दिन और तीन रात 'लगातार' चीखने-चिल्लाने के बाद मर गया। उस समय वह 45 वर्ष का था।

इस कहानी की खूबसूरती हमें इलिइच की अंतिम घड़ियों के दौरान प्राप्त अंतर्दृष्टि में मिलती है। उसे धीरे-धीरे एहसास होने लगता है कि उसने अपना जीवन उस तरह नहीं बिताया, जैसे बिताना चाहिए था; उसने 'अत्यंत घृणित, छल-कपटपूर्ण' जीवन व्यतीत किया है। पहले तो वह इस एहसास का प्रतिरोध करता है, अपनी पत्नी के प्रति घृणा तथा उससे भी अधिक शारीरिक एवं मानसिक वेदना महसूस करता है। मृत्यु के दो घंटे पहले वह एक 'काले बोरे' के अंदर खींचे जाने के विरुद्ध संघर्ष कर रहा होता है, जब उसे इसका अनुभव होता है, उसका पुत्र उसका हाथ पकड़ता है, उसे चूमता है और फूट-फूटकर रो पड़ता है।

उसी क्षण इलिइच को रोशनी की एक झलक मिलती है और वह देखता है कि उसका जीवन वैसा नहीं रहा, जैसा होना चाहिए था, लेकिन अभी भी उसे ठीक किया जा सकता है।

हाँ, यह सब कुछ ठीक नहीं रहा है, वह स्वीकार करता है और फिर खुद से पूछता है, ''सही क्या है?'' अंत में वह अपनी पत्नी तथा पुत्र के लिए खेद महसूस करता है और समझ जाता है कि उसे कुछ करना चाहिए, ताकि उन्हें कष्ट न सहना पड़े, वे मुक्त हो जाएँ। वह 'सॉरी' कहने की कोशिश करता है, लेकिन मुँह से जब सही शब्द निकल नहीं पाते हैं, वह अपना सिर झटकता है, 'यह जानते हुए कि वह समझ जाएगा कि किस की समझ महत्त्व रखती है।'

पीड़ा यकायक कुछ दूर की बात हो जाती है और उसका पुराना जाना-पहचाना मृत्यु-भय गायब हो जाता है। अब कोई भय नहीं था, क्योंकि मृत्यु भी नहीं थी, 'टाल्सटॉय' लिखते हैं, ''मृत्यु की जगह प्रकाश था।''

इलिइच की मृत्यु उद्धारक बनकर आई है, लेकिन यदि हम करुणा और शांति तथा क्षमाशीलता के साथ जीना सीख लें, जो हमें संवेदनशील बनाती हैं तो कितना अच्छा हो सकता है, फिर हम अपने जीवन के अंत का सामना सहजता और निर्भीक होकर कर सकेंगे। जब हम इस ज्ञान को बनाए रखने का अभ्यास करते हैं कि एक आत्मा के रूप में 'मैं कौन हूँ?' और 'मेरा क्या है?' तो पिता के दुलारे बच्चे के रूप में हम अपने जीवन में शांति, प्रेम और पूरी तसवीर की जानकारी सहित उन गुणों एवं शक्तियों का ज्ञान भी लिये चलते हैं, जो हमें ईश्वर से प्राप्त होता है।

ईश्वर की बुद्धिमत्ता

यदि हम बहुत अधिक सोच-विचार करते हैं, हम स्वयं को ईश्वर की बुद्धिमत्ता से दूर कर लेते हैं। फिर हमारी बुद्धि हिलने लगती है और हमारी खुशी घट जाती है। यदि हम बीते हुए को बीता हुआ रहने दें और बड़ी स्थितियों को छोटा कर दें तथा सबमें भलाई देखें, हमारा जीना और मरना अविरल तथा सुंदर बना रहता है।

ऐसे जीवन और मरण के दो बड़े शत्रु हैं—अहं और आसक्ति। ये सूक्ष्म दुर्गुण कब हमारे ऊपर चढ़ जाते हैं, हम जान नहीं पाते, जैसा कि इलिइच के साथ हुआ। विनम्रता को जानबूझकर मन में बैठाने से हमारे लिए मुक्त रहना सहज हो जाता है और अपनी विनम्रता की भावनाओं में टिके रह सकते हैं।

विनम्रता तब आती है, जब हम दैहिक चेतना के 'मैं' को छोड़ देते हैं और आत्मानुभूति के द्वारा ईश्वर को जान लेते हैं तथा ईश्वर को अपना सखा बना लेते हैं। फिर कभी यह महसूस नहीं होता है कि हम अकेले हैं या जरूरतमंद हैं। 'ईश्वर मेरा

है और मैं ईश्वर की हूँ।' अत: घमंड के लिए कोई गुंजाइश नहीं रहती है।

दादी जानकी कहती हैं कि इसके लिए नि:स्तब्ध, छद्म रूप से आंतरिक प्रयास की आवश्यकता होती है। ''जीवन भर इसका अभ्यास करें। फिर जब वह क्षण आता है, तब हमें अत्यंत विनयशील होना पड़ता है, जो बीमारी में हो सकता है या मृत्यु में या किसी अन्य वास्तविक अथवा शंकास्पद हानि में, हम मुक्त बने रहेंगे।''

टालस्टॉय की कहानी यह भी दरशाती है कि लोग किस प्रकार दूसरों को प्रभावित करने के उद्देश्य से भिन्न-भिन्न रूप अपना लेते हैं और विभिन्न भूमिकाएँ निभाते हैं, लेकिन कहानी यह भी बतलाती है कि गहनतर वास्तविकता पूर्णत: भिन्न हो सकती है। किसी भ्रामक अथवा अवास्तविक संसार में रहते हुए, वास्तविक होने के लिए, हमें इस चेतना में बने रहना चाहिए कि हम आत्माएँ हैं, परमात्मा के प्रेम में निमग्न। अशरीरी आत्माओं के रूप में अपने चिरंतन स्वरूप का ज्ञान हो जाने पर हम कुछ और बनने की चेष्टा करने की आवश्यकता से मुक्त हो जाते हैं।

प्रेम का आकर्षण

जब हम आत्मचेतना की गहराई में चले जाते हैं, हम स्वभावत: शरीर और शारीरिक संबंधों से निर्लिप्त महसूस करते हैं। हम दिव्य प्रकाश और परमेश्वर से प्रेम का आकर्षण महसूस करते हैं। वह अनुभव हमें इस संसार में एक अनासक्त की मानसिकता के साथ रहने योग्य बनाता है। आत्मा ईश्वर से शक्ति प्राप्त करती है, जिससे कि हम अपनी उस पुरानी प्रकृति का त्याग कर सकें, जो हमें उन दुर्गुणों का शिकार बनाया करती थी, जो दुर्गुण हमारे दु:खों एवं कष्टों का प्रमुख कारण थे। हृदय उस परमात्मा को 'छूने' लगता है, जो इस आत्मा का कायाकल्प कर रहा है।

आत्मचेतना भी हमें दूसरों के बारे में शंका करने, आलोचना करने और शिकायत करने की आदतों से छुड़ाती है। हम समझ जाते हैं कि प्रत्येक व्यक्ति एक आत्मा है और हर कोई अपनी अनूठी भूमिका निभा रहा है। एक नाटक के लिए विविध कलाकारों, अभिनेताओं की जरूरत होती है। इससे कोई फर्क नहीं पड़ता है कि किसी दूसरे के अंदर क्या कमी है। यह उस पुरुष या स्त्री को सोचना है। संभवत: हम उन्हें इतना प्रेम और इतनी खुशी दे सकते हैं कि वे बदल जाएँ। जैसे-जैसे हमारी स्वार्थपरता कम होने लगती है, हम सच्चा प्रेम बाँट सकते हैं, जो वातावरण को बदल देता है। यह वास्तव में ईश्वर का प्रेम है, जिसके साथ हम जा मिले हैं।

इवान इलिइच ने तीन दिन तक तीव्र पीड़ा सहने के बाद अंतिम क्षण में हृदय की उदारता को जाना। यदि हम ईश्वर के साथ प्रेम की कड़ी जोड़कर इसको अनुभव करना सीख जाते हैं, तो हमारे कर्म और संबंध सकारात्मक तथा शांतिमय हो जाएँगे और हम उस परमेश्वर के प्रति गहरी कृतज्ञता महसूस करेंगे, जिसने हमें जीना सिखाया है।

दादी जानकी का कहना है—

> इस आंतरिक कड़ी को समझें और अनुभव करें। इसे बनाए रखने का विचार दृढ होना चाहिए, इसके रास्ते में जो भी आए, उसे या तो छोड़ दें या बदल डालें और फिर आपको सबकुछ मिल जाएगा। आपके जीवन का हर पहलू हीरे जितना मूल्यवान हो जाएगा। फिर जब समय आता है, आप अपने शरीर से इतनी आसानी से निकल जाएँगे, जैसे साँप अपनी कैंचुली छोड़ जाता है।
>
> मुझे मृत्यु का कोई भय नहीं है। ईश्वर ने मुझे जीवित रहते मरना सिखाया, ऐसा कि मैं हर क्षण अपने घर जाने के लिए तैयार हूँ। उसने मुझ पर यह उपकार इसलिए किया है, जिससे मैं उसकी संगति में आसानी से सफर कर सकूँ। उसने मुझे अच्छे कर्मों की शिक्षा दी, ताकि मैं अतीत के भार से मुक्त हो सकूँ। मैं यह भी जानती हूँ कि आनेवाले स्वर्ण युग में, पूर्वकालिक या असमय मृत्यु जैसी कोई चीज नहीं होगी। हम सबको जैसे ही यह बोध होगा कि जाने का सही समय आ गया है, तो हम आसानी से अपना शरीर छोड़ देंगे।
>
> मैं अनेक आत्माओं के साथ रही हूँ, जब उन्होंने शरीर छोड़ा। पहले से ही यह सोच लेना अच्छा है कि आप कैसे जाएँगे। यदि आप हमेशा व्यस्त रहते हैं, तो उस समय आप किस स्थिति में होंगे, जब आपका अंतिम क्षण आएगा?
>
> हमें जल्दबाजी, भ्रमित और दबाव में रहने की बजाय, सहज बने रहना चाहिए, क्योंकि कोई भी क्षण हमारा अंतिम क्षण हो सकता है। भले ही कोई हमें दु:ख देने की चेष्टा करे, हमें दु:ख स्वीकार नहीं करना चाहिए, और हमें कोई ऐसा कार्य नहीं करना चाहिए, जो दु:ख का कारण बने। ऐसी सभी आदतें हमारे योग पर असर डालती हैं, आत्मा और परमात्मा संबंधी चेतना को बनाए रखने की हमारी क्षमता को नुकसान पहुँचाती हैं और हमें सीमाबद्ध कर देती हैं।

यदि हम किसी दूसरे के बारे में नकारात्मक विचार रखते हैं, हम निश्चित रूप से इस योग्य नहीं होंगे कि उन्हें आगे बढ़ने के लिए प्रेरित कर सकें। असल में, हमें दूसरों को भी हमारे विचारों को सकारात्मक या नकारात्मक रूप से प्रभावित नहीं करने देना चाहिए, चाहे किसी को हमारे विचार अच्छे लगें या न लगें, बल्कि जो-जो कुछ करता है, हमें उसके बारे में अच्छा ही सोचना चाहिए। इससे खुशी मिलती है।

यदि हम प्रसन्नता में जीते हैं, तो मरते-मरते भी हम प्रसन्न रहेंगे। हमारे हाथ यदि हमेशा देने, हमेशा अर्पण करने के लिए तत्पर रहते हैं, तो हमें मृत्यु और जीवन दोनों में आनंद प्राप्त होगा।

सामान्यत: सोच-विचार करना, चिंता करना या सवाल करना आवश्यक नहीं है। वे सब शारीरिक पहचान से जुड़ी आदतें हैं, जो इस श्रांत-क्लांत संसार के अंदर हमारे अनुभव के दौरान बन जाती हैं। उन आदतों को अब खारिज कर देना चाहिए, वे पुरानी और अप्रचलित हो गई हैं और आपके लिए किसी काम की नहीं हैं। एक सच्चे हृदय से उस परमेश्वर की गहराई में जाएँ और एक ऐसे हलकेपन की दशा तथा कौशल का आनंद उठाएँ कि बाहरी जगत् की कोई भी चीज, यहाँ तक कि शरीर भी, आपकी इच्छा के विरुद्ध आपको प्रभावित न कर सके।

□

14

इस पुराने संसार के लिए मर जाना

'भगवान् खड़ा तेरे द्वार
भगत भर ले रे झोली!'

"मरना कोई डरने की बात नहीं है। यह आपके जीवन का सबसे अद्भुत अनुभव हो सकता है। यह सब इस बात पर निर्भर करता है कि आपने किस प्रकार जीवन व्यतीत किया है।" स्विस-अमरीकन मनोचिकित्सक स्व. एलिजाबेथ कुबलर रॉस ने लिखा है, जिसने न केवल ऐसे हजारों मरीजों की देखभाल की, बल्कि उनसे भेंट-मुलाकात भी की, जो या तो मरणासन्न थे या मौत के मुँह में जाते-जाते बचे थे।

एलिजाबेथ ने पारंपरिक पश्चिमी चिकित्सा संबंधी शिक्षा पाई थी, लेकिन बाद में उनके मन में यह विश्वास पक्का हो गया कि सृष्टि शक्ति का अंतिम स्रोत शुद्ध प्रेम है, कि आध्यात्मिक शक्ति अथवा ऊर्जा का हमारा जो स्वरूप है, वह स्वरूप प्रेम का है और यह भी कि बिना शर्त प्रेम करने का ज्ञान पाना हमारे जीवन का सबसे ऊँचा लक्ष्य है। मृत्यु सन्निकट अनुभव संबंधी अध्ययन में अग्रणी मानी जानेवाली इस लेखिका ने पाया कि जो लोग नैदानिक दृष्टि से मर चुके हैं और फिर आपबीती सुनाने के लिए जी उठे, वे बताते हैं कि उन्हें जीवन को बदल देने वाले 'विचारों के आविर्भाव' का अनुभव हुआ। कभी-कभी इसमें पैगंबर संबंधी चेतावनियाँ और अंतर्दृष्टियाँ शामिल रहती थीं तथा एक ऐसी अनुभूति कि हम 'चारों तरफ से अतीत, वर्तमान और भविष्य से एक-एक जानकारी से घिरे हुए

हैं।' प्रत्येक के लिए, वहाँ एक चमत्कारी रोशनी थी, गरमाहट बिखेरती हुई, जिसने उन्हें समझाया कि 'जीवन के अर्थ की एक ही व्याख्या है और वह है प्रेम।'

डॉ. कुबलर-रॉस विशेषकर अपने इस सिद्धांत से विख्यात थीं कि बड़े-बड़े नुकसानों, विशेषकर आसान मृत्यु के साथ समझौता करने की स्थिति तक हमारे पहुँचने को इस तरह समझा जा सकता है कि यह समझौता पाँच चरणों में संभव हुआ होगा। उनके द्वारा प्रस्तुत उदाहरण में, पहली संभावित प्रतिक्रिया है, स्थिति की वास्तविकता से इनकार करना। जब उस पर टिके रहना संभव नहीं रह जाता है, तो अकसर क्रोध आने लगता है और फिर एक अवस्था आती है, जिसे वे 'सौदेबाजी' कहती हैं, जिसमें व्यक्ति आशा करता है कि वह जीवन या ईश्वर के साथ कुछ सौदा कर सकता है, जो उसके नुकसान को हलका कर देगा। चौथी अवस्था वह होती है, जब नुकसान की वास्तविकता दिमाग में घुस जाती है, तो अवसाद पैदा हो सकता है, जब तक कि व्यक्ति स्वीकार नहीं कर लेता और आगे बढ़ने के लिए तत्पर नहीं हो जाता।

एक अंत और एक आरंभ

प्रिय पाठक, अब थोड़ा धैर्य दिखलाएँ, क्योंकि मैं आपसे उस संभावना पर विचार करने के लिए कह रहा हूँ, वर्तमान में समस्त मानवजाति भिन्न-भिन्न अवस्थाओं में उस दुःख का अनुभव कर रही है, जिसका वर्णन एलिजाबेथ कुबलर रॉस द्वारा किया गया है। उसका उदाहरण हमें एक वैश्विक परिवार के रूप में, उन घटनाओं को बेहतर ढंग से समझने में हमारी मदद कर सकता है, जो घटनाएँ विश्व में घट रही हैं और जो हमारे इतिहास में क्षति के गहनतम पहलू को व्यक्त कर सकती हैं तथा हमारे लिए बहुत बड़ा अवसर भी सिद्ध हो सकती हैं।

सन् 1930 दशक के मध्य में ब्रह्माकुमारी आंदोलन के आरंभ से ही संस्थापक की यह पक्की धारणा थी कि यह संसार, जिससे हमारा परिचय हजार वर्ष का है, जल्दी समाप्त होने जा रहा है। उनकी अंतर्दृष्टि ने उन्हें बता दिया था कि एक प्रचंड विनाश का तूफान पूरे विश्व को अपनी चपेट में ले लेगा। भूचाल आएँगे, बाढ़ आएगी, प्रक्षेपास्त्रों का इस्तेमाल होगा और गृहयुद्ध छिड़ जाएँगे, जिनके कारण कोई भी जीवित नहीं बचेगा, सबको मरना होगा।

बाद में उन्होंने देखा कि एक नए संसार का उदय हो रहा है, जिसमें एकता है, प्रेम है और उसमें रहनेवाले लोगों की आध्यात्मिक शक्ति तथा जागरूकता

इतनी नवीन एवं शुद्ध है कि उनकी तुलना देवी-देवताओं से की जा सकती है।

बनारस में एक मित्र के घर में एक दीवार पर एक के बाद एक वृत्त खींचकर, ब्रह्माबाबा ने हम सबको एक-एक शाश्वत नाटक में अभिनेताओं के रूप में कल्पित किया, उनकी कल्पना के अनुसार यह एक ऐसा नाटक था, जो समय के चक्के पर खेला जाता है, जिसका अंत आरंभ को जन्म देता है। उन्हें महसूस हुआ कि ईश्वर उनको दिखा रहा है कि नाटक अब एक ऐसे संक्रांति काल में प्रवेश कर रहा है, जिसमें पुराना नए को जन्म देगा। क्योंकि नवीन देवलोक को प्रकट होने के लिए, एक नई चेतना को पुराने के बीच सही जगह रखना जरूरी होता है।

यथासमय उन्हें इस बात का ज्ञान हो गया कि विश्वव्यापी परिवर्तन का कार्य परमात्मा, मानवजाति के कुटुंब के जनक (बीज) की जिम्मेदारी है और उसकी सफलता निस्संदेह पक्की है। तथापि ईश्वर क्योंकि अशरीरी है और भौतिक जगत् से परे है, इसलिए मानव को ही बदलने का प्रयास करना होगा। वे अपने अंदर शुद्ध चेतना की शक्ति को पुनः प्राप्त कर सकते हैं, जब उन्हें ज्ञान हो जाता है कि वे स्वयं आत्मा हैं, शरीर नहीं तो उन्हें परमात्मा का शुद्ध मन से स्मरण करना आ जाता है। उस स्मरण के द्वारा बीज के अंदर बसी सच्चाई की शक्ति फिर से संसार के अंदर प्रकट हो जाएगी।

नाटक के अंत में आत्माएँ अपने घर लौट जाएँगी, जो समय और आकाश के बाहर विद्यमान पूर्ण शांति का एक क्षेत्र है। फिर जब समय का चक्र एक बार फिर आरंभ होता है, हम अस्तित्व के नाटक में अपने चिरंतन स्थान के अनुसार अपनी-अपनी भूमिका निभाने के लिए चले आएँगे।

अस्तित्व की अपरिवर्तनशील समग्रता

इस प्रकार सच में हम अमर हैं, केवल इस अर्थ में नहीं कि शरीर नष्ट हो जाने के बाद भी आत्मा जीवित रहती है। चक्र केवल एक है, अस्तित्व का अपरिवर्तनशील समग्रता का चक्र, अनादि-अनंत रूप से चलता रहता है और इसी कारण उसके अंदर रंगमंच पर हमारी भूमिकाएँ भी शाश्वत होती हैं।

उन आरंभिक दिनों में ब्रह्माबाबा के मध्यम से आई अंतर्दृष्टियाँ पुरातन विवादों से संबंध रखती हैं, जिनमें प्रारब्ध के बीच ऊपर से दिखनेवाला विरोधाभास भी शामिल है, जिसके बारे में कभी-कभी भौतिक विज्ञानी और धर्मशास्त्री बहस छेड़ देते हैं तथा हमारी मुक्त सहन-बुद्धि भी तर्क करने लगती है। एक समयचक्र

है, जो स्वयं को उसी तरह और चिरंतन रूप से दुहराता रहता है, इस समयचक्र को समझ लेने से हम सजग, जीते-जागते कर्ताओं के रूप में यह देखने-विचार करने योग्य हो जाते हैं कि हम न केवल यह चुनाव कर सकते हैं कि हमें कैसे अभिनय करना है, बल्कि यह भी निर्णय कर सकते हैं कि हमारी पसंद सदा-सर्वदा के लिए 'निश्चित' हो गई है।

मानव परिवार एक वृक्ष का रूप धारण कर लेता है, जो नाटक की पूरी अवधि में बढ़ता रहता है। वृक्ष का तना एक एकीभूत विश्व का प्रतिनिधित्व करता है, जिसमें शुद्ध आध्यात्मिक ज्ञान हमें एक-दूसरे के साथ और अनुकूल परिस्थतियों में अटूट समरसता एवं सुख में जीवन व्यतीत करने योग्य बनाता है। उस क्षेत्र में जनसंख्या सापेक्षत: कम होती है।

समय का चक्र जैसे-जैसे आगे बढ़ता है और वृक्ष अधिक बड़ा होने लगता है, तो मूलभूत एकता विलुप्त हो जाती है। फिर भी धार्मिक विश्वास एवं प्रथा की पनपी हुई विशाल शाखाएँ लाखों-करोड़ों को इस ढंग से जीने के लिए प्रेरित करती रहती हैं, जिससे कि उन्हें ईश्वर तथा एक-दूसरे के अधिक निकट लाया जा सके।

वर्तमान का महत्त्व

ब्रह्माबाबा को उनकी अंतर्दृष्टि से और अपने चारों ओर संसार में फैले अज्ञान के अंधकार को देखकर तुरंत इस बात का एहसास हुआ कि उन्हें विश्व को नया रूप देने का कार्य अब अविलंब आरंभ करना होगा।

उन्होंने महसूस किया कि मानव परिवार पुराने और नए के बीच एक संगम काल में प्रवेश कर रहा है तथा परमात्मा उन्हें चेतना का नवीकरण करने संबंधी कार्य का नेतृत्व करने हेतु पुकार रहा है, ताकि नई सृष्टि को अस्तित्व में लाया जा सके।

हालाँकि उनका कहना था कि यह संगम सौ वर्ष तक चलेगा, नवीकरण के कार्य में उनका साथ देने के लिए उनसे जुड़े लोग आरंभ से ही इस धारणा को दिल में बसाए हुए थे कि एक शुद्ध नवीन संसार को अस्तित्व में लाने के लिए उन्हें अपने अंदर आवश्यक परिवर्तनों की दिशा में अभी से पहल करनी होगी।

ब्रह्माबाबा को भान हो गया था कि विश्वव्यापी परिवर्तन का समय एकदम निकट आ चुका है और इसी तात्कालिकता से प्रेरित होकर उन्होंने अपने जीवन में इस तरह का नाटकीय परिवर्तन लाने की दिशा में कदम उठाने का निर्णय

किया, उन्होंने अपना सारा कारोबार समेट लिया और उसके निपटान से प्राप्त रकम युवा स्त्रियों के एक समूह को सौंप दी, ताकि आध्यात्मिक विश्वविद्यालय के संस्थापक सदस्य मिलकर रह सकें और काम कर सकें।

अपने सन्निकट परिवार के संबंध में जिम्मेदारियों को पूरा करते समय उन्होंने बहुत शीघ्र देह-चेतना प्रेरित मानसिकताओं और आचरणों का त्याग कर दिया, जो मन तथा बुद्धि को खींचते हैं तथा ईश्वर के साथ हमारे संबंध में बाधा उत्पन्न करते हैं। उन्होंने यह त्याग इतने प्रभावपूर्ण ढंग से किया कि वे ईश्वर के काम के लिए एक माध्यम बन गए। उनके अंदर कोई दिव्य शक्ति प्रवेश कर गई थी, जो उनके कार्यों को सही मार्ग दिखा रही थी तथा दूसरों को प्रेरित कर रही थी। वे प्रेम एवं ज्ञान की इस शक्ति का श्रेय सदैव ईश्वर को देते थे।

जिन लोगों ने इस देवत्व को पहचाना, उन्होंने भी इस प्रकार की तात्कालिकता को महसूस किया, जो उनके प्रयास के लिए एक प्रेरक शक्ति बन गई।

दादी जानकी कहती हैं—

> हम जान गए कि हम सोच-विचार करने और जुड़ने के पुराने तरीकों से जितना अधिक दूर हटेंगे, हमारी आत्मा में अंतर्निहित प्रेम, शांति एवं सुख रूपी तत्त्व हमारे जीवन को उतना ही अधिक विशिष्ट रूप प्रदान करने, ऊपर उठाने में समर्थ होंगे। हम 300 सदस्य एक सुदृढ समुदाय के रूप में 14 वर्ष तक कराची में रहे और उस अवधि में एक साथ रहते हुए हमें ऐसा अनुभव हुआ, मानो हम अपने पुराने शरीर को पहले ही त्याग चुके हैं, स्वयं में सीमित हो गए हैं।
>
> जब सन् 1950 में हम भारत आए और देशभर में अपने उपदेशों का प्रसार करने लगे, उस समय जिन लोगों से हमारी भेंट हुई, उन्हें प्राय: ऐसा लगता था, जैसे देवदूत अथवा फरिश्ते उनके बीच आ गए हों।

शुद्ध आध्यात्मिक प्रेम की पुनर्स्थापना

तब से लेकर अब तक बीते कई दशकों में, हमने दूसरों को और स्वयं को दैहिक-चेतना से मुक्त करने तथा अपने संबंधों में आध्यात्मिक प्रेम पुनर्स्थापित करने पर बहुत बल दिया है। हमने विश्वस्तर पर अनेक मिलन-स्थलों एवं एकांतवास केंद्रों का निर्माण किया है, जहाँ लोगों को आत्मचेतना संबंधी और सकारात्मक, परिवर्तनात्मक शक्ति संबंधी व्यावहारिक अनुभव का लाभ

उठाने का अवसर दिया जाता है, जिससे कि हम परमात्मा के बारे में सही-सही ज्ञान प्राप्त करके तथा उसे कर्म में अपना साथ बनाकर अपने वर्तमान जीवन में अनुकूल सुधार ला सकें।

जैसे-जैसे समय बीतता गया, वैसे-वैसे वर्तमान-कालिक वास्तविकता का असहनीय भार मानवीय जागरूकता के अंदर जबरन अधिक-से-अधिक घुसपैठ करने लगा है।

सन् 1930 के दशक के मध्य में, जब ब्रह्माकुमारी आंदोलन आरंभ हुआ था, समय धरती पर मुश्किल से दो अरब के लगभग आबादी थी। आज जनसंख्या आठ अरब के करीब पहुँच रही है। विज्ञान और प्रौद्योगिकी के क्षेत्र में हुई प्रगति ने इसे संभव बनाया है, किंतु बहुत बड़ी कीमत पर।

इस धरती को आज पर्यावरण संबंधी भीषण त्रास झेलना पड़ रहा है। जलवायु अपनी स्वाभाविक लकीर से हटकर बरताव कर रही है। समुद्र ऑक्सीजन खो रहे हैं, शीशे की बनी पौधशालाओं के गैस उत्सर्जन द्वारा पृथ्वी पर फँसी गरमी को सोख लेने के कारण समुद्र जल तेजाब में बदल रहा है, समुद्र गरमा रहे हैं। मछलियाँ मर रही हैं। अनेक पशु प्रजातियाँ विलुप्त हो रही हैं। पृथ्वी के प्राण कहे जानेवाले जंगल दिनोदिन कम होते जा रहे हैं। जल-आपूर्ति और ऊर्जा स्रोतों पर दबाव बढ़ रहा है। प्रदूषण फैलानेवाले पदार्थ हर जगह पहुँच गए हैं।

यदि एक क्षण के लिए मान भी लिया जाए कि पर्यावरण पर ऐसा कोई दबाव या खतरा नहीं है, तब भी यह कैसे भूला जा सकता है कि धरती पर परमाणु अस्त्र-शस्त्रों का एक विशाल भंडार मौजूद है, जो पूरी धरती को कुछ क्षणों में ही पूरी तरह नष्ट कर सकता है।

आक्रोश और इनकार

इन खतरों के प्रति जागरूक हो उठे लोगों में से कुछ इस बात को लेकर आक्रोश से भर जाते हैं कि सरकारें तथा दूसरे लोग हालात की असलियत की ओर से अकसर बेपरवाह रहते हैं, हकीकत को मानने से इनकार करते हैं। तथापि कुछ समय पश्चात् उन्हें एहसास हो जाता है कि इस आक्रोश और निराशा का उनके स्वास्थ्य तथा उनकी कारगरता दोनों पर बुरा असर पड़ सकता है।

कदाचित् हमारे लिए यह बात उपयोगी सिद्ध होगी कि आक्रोश और इनकार को हम विश्वव्यापी विनाश के इस संदर्भ में शोक-संतप्त होने की प्रक्रिया के स्वाभाविक संकेतों के रूप में देखें, जिनका वर्णन 'पंच-अवस्था' संबंधी

उदाहरण में किया गया है।

यहाँ तक कि जो 'सौदेबाजी' चल रही है, इन उम्मीदों के साथ कि इस गड़बड़झाले में से कुछ तो बचाया जा सकता है। हालाँकि विशेष रिपोर्टें बता रही हैं कि पहले ही बहुत देर हो चुकी है, उसे भी पूर्वोक्त संदर्भ में देखा जा सकता है।

यह कुछ ऐसा है, जैसे हमें लगता हो कि संसार का अब अंत होनेवाला है, किंतु स्थिति को अधिक स्पष्ट करनेवाली जानकारी के अभाव में (जिसमें यह तथ्य भी शामिल है कि अंततः मृत्यु होती नहीं है) हमें संसार छोड़कर जाने का विचार सहन करना असंभव प्रतीत होता है। इस समझ या आशा के बिना क्षति के बारे में विचार करना कठिन है कि उसकी जगह कुछ अधिक अच्छा आ सकता है। तथापि यदि नुकसान अत्यंत निकट है और हम साहसपूर्वक उसका सामना नहीं करते हैं तथा उसके लिए तैयार नहीं होते हैं, तो निश्चित ही हम स्वयं को एक बड़े भारी और कष्टप्रद सदमे में डाल रहे होंगे।

एक अंतहीन कहानी

दादी जानकी कहती हैं—

> यही कारण है कि मैंने इतनी लंबी आयु पाई है और जब तक मुझे जीवित रहना है, तब तक मुझे यथासंभव अधिक-से-अधिक लोगों के साथ अपनी इस पक्की धारणा तथा अंतर्दृष्टि को बाँटते रहना है कि जिस प्रकार किसी व्यक्ति की मृत्यु को एक संक्रांति के रूप में समझना चाहिए, वही बात धरती पर जीवन के सम्मुख अंतिम व्यथा-वेदनाओं के बारे में भी सच है। संसार को हमारी चिंता या हमारे शोक की जरूरत नहीं है।
>
> हम एक अंतहीन कहानी, एक अखंडित संपूर्ण का हिस्सा हैं। डर को छोड़ दें तो डरने की कोई बात नहीं है और डर गायब हो जाता है, जब हम समझ लेते हैं कि हम एक शाश्वत अर्थात् अनवरत चलनेवाले नाटक में अभिनेता हैं। अब ऐसा प्रतीत होता है, मानो हम नाटक के अंतिम चरण में पहुँच चुके हैं, लगभग सभी विद्यमान अभिनेताओं के साथ और अपने अंतिम नमस्कार के लिए तैयारी कर रहे हैं।
>
> समय निकट आ रहा है, जब हम रंगमंच और अपने शारीरिक परिधान छोड़ देंगे तथा अपने मूल स्थान, आकाश एवं समय के परे अपने प्यारे आध्यात्मिक घर को लौट जाएँगे। उस घर-वापसी के लिए तैयार होने के

लिए हमें अपने आपको ईश्वर के प्रेम में डुबो देना होगा और इस संसार से विरक्त होना होगा।

इस समझ-बूझ और घर के बारे में जानकारी ने मेरे जीवन को सहारा दिया है। इससे मुझे बहुत लाभ हुआ है। जब तक हमें नाटक के बारे में जानकारी नहीं हो जाती, हम पूर्णतया आत्मचैतन्य नहीं हो सकते। हमें जब यह ज्ञान हो जाता है कि यह संसार बदलना है और यह भी कि प्रत्येक आत्मा के घर लौट जाने का समय आ पहुँचा है, इस ज्ञान से हमारे प्रयासों को स्मरण में बने रहने तथा दुर्गुणों की दासता से मुक्त होने की शक्ति प्राप्त होती है। फिर हम खुशी बाँटनेवाले बन जाते हैं।

ईश्वर के साथ, अंतर्मुखी बने रहकर मैंने अपने अंदर एकाग्रता की शक्ति का विकास किया, जिसने मुझे इस पुरातन एवं दकियानूसी संसार में बड़ी शांति और सुख से रहने योग्य बनाया। मुझे हमेशा यही लगता रहा है कि ईश्वर ही मेरा संसार है और मुझे कुछ भी नहीं करना पड़ा है, सिवाय इसके कि मैं इस भावना के साथ जीती रही हूँ कि मेरा नाता केवल उस एक परमपिता से है, किसी अन्य से नहीं, और शेष सभी मेरे बंधु-बांधव हैं। इस प्रकार की मानसिकता ने मुझे सभी सांसारिक प्रभाव या प्रलोभनों से दूर बने रहने का सामर्थ्य दिया है।

मैं मन-ही-मन सोचती हूँ कि हालात न तो अच्छे हैं, न बुरे हैं और यह भी कि अपनी उस प्रकृति को पकड़े रहना आवश्यक है, जो आपको समस्याओं और घटनाओं में फिसलने न दें। संसार में रहते हुए मुझे इस बात का ज्ञान रहता है कि इसने शक्ति और सच्चाई खो दी है तथा अब यह समाप्त होने के कगार पर है। मेरा कार्य नए संसार के लिए स्वयं को तैयार करना है।

तरीका बस यही है कि पिता का स्मरण करो, मैं चाहे जो भी हूँ और जैसी भी रही हूँ, मैं उसकी हूँ। फिर मैं देह के परे होने की चेतना में स्थिर रह सकती हूँ और सृष्टिकर्ता की शांति एवं शक्ति मेरे चेहरे पर एवं मेरे कर्मों तथा संबंधों में आ जाती है, जो हर उस व्यक्ति को आगे बढ़ने की प्रेरणा देती है, जिससे मैं भेंट करती हूँ। मेरे पास हर व्यक्ति के देने के लिए आध्यात्मिक प्रेम है।

आप भी इस सूक्ष्म, ईश्वरीय प्रेम की गहराइयों में जा सकते हैं और आपके माध्यम से दूसरों को आध्यात्मिक प्रेम का अनुभव होगा। यह मेरी

एक इच्छा है कि मैंने जो कुछ प्राप्त किया है, हर व्यक्ति को मिलना चाहिए और उन्हें खुद को कमजोरी के दलदल तथा सभी नकारात्मक भावों से मुक्त हो जाना चाहिए। आपके अंदर सच्चाई और प्रेम भरा हुआ है, इसके अलावा कुछ नहीं एवं इसका संकेत है कि कुछ भी फालतू या व्यर्थ चीज आपके अंदर प्रवेश नहीं कर सकती तथा न आपके निकट फटक सकती है। उसके लिए कोई जगह नहीं है। बुद्धि को लंबे समय तक ईश्वर से जोड़े रखकर, उसे किसी अन्य का स्मरण करने के लालच में न पड़ने देकर और इस प्रकार केवल निर्मल, सकारात्मक, दृढ तथा प्रभावशाली विचारों का अनुभव करके, आपको ऐसा प्रतीत होगा, जैसे आपका मन एक हीरा बन गया हो।

मृत्यु एक वर्जित विषय

गरीब देशों में मृत्यु हमेशा मौजूद रहनेवाली हकीकत है, जिसकी अनदेखी करना मुश्किल है। तथापि आर्थिक दृष्टि से विकसित विश्व के अनेक भागों में यह एक वर्जित विषय रहा है और हम इसे ठीक से सँभाल नहीं पाए हैं। बहुधा हम डॉक्टरों व अस्पतालों से आग्रह करते हैं कि कुछ भी करके वे मरणासन्न मरीज को बचा लें, कभी-कभी तो हम भारी रकम खर्च कर देते हैं, रोगी को कुछ दिन या कुछ सप्ताह जीवित रखने के लिए, जबकि हमें पता होता है कि बचने की कोई उम्मीद नहीं बची है। इंग्लैंड में आधी से अधिक मौतें अस्पताल में होती हैं, हालाँकि रोगी कभी नहीं चाहता है कि अस्पताल पहुँचकर उसकी मृत्यु हो।

वास्तविकता का हमारा आंतरिक 'नक्शा' हमें बताता है कि हम भौतिक जीव हैं और यह भी कि देह के साथ ही सबकुछ समाप्त हो जाता है, तो फिर क्यों हम मृत्यु को सबसे बड़ा दुःख मानकर चलते हैं और उसे टालना ही परम प्राथमिकता बना लेते हैं। जीवित लोगों के मन में हम अपनी जो स्मृतियाँ छोड़ जाते हैं, उसके अलावा हमारे जीवन का मूल्य क्या रह जाता है।

जब हमें एहसास हो जाता है कि मृत्यु भ्रामक है, इस अर्थ में कि हमारा अस्तित्व कभी मिटता नहीं है, तो फिर मृत्यु का दंश निकल जाता है। हमें जब यह ज्ञान हो जाता है कि इस शरीर को त्यागने पर हम खुद को अतीव आनंद की स्थिति में पा सकते हैं, मृत्यु तब और भी अधिक आकर्षक प्रतीत हो सकती है। हम जब जान जाते हैं कि हम संसार के रंगमंच पर शाश्वत रूप से अपनी-अपनी भूमिका निभाते हैं और यह भी कि हम जिस ढंग से अपनी देह छोड़ते हैं, वह आत्मा के भविष्य के लिए इसी समय एक प्रक्षेपण-पक्ष बना देता है, तब हमें

ईश्वर द्वारा प्रदत्त सभी शक्तियों एवं सद्गुणों को लेकर आत्मचेतना में चले जाने का महत्त्व और मूल्य समझ आता है।

एलिजाबेथ कुबलर रॉस की कृति ने मरणासन्न की देखभाल में एक क्रांति लाने जैसा काम किया। इसने सेवागृह और उपशामक देखभाल संबंधी आंदोलनों को और आगे बढ़ाने में सहायता की तथा मृत्यु की धारणा को प्रतिष्ठा दिलाई। मृत्यु के पश्चात् जीवन की निरंतरता के बारे में उसके विचारों से चिकित्सा और विज्ञान के क्षेत्र में उसके अनेक सहयोगी सहमत नहीं थे, फिर भी लाखों-करोड़ों लोगों को मृत्यु और मृत्यु के निकट पहुँचने के अनुभव के बारे में बहुत कुछ अर्थपूर्ण जानकारी प्राप्त करने में सुविधा हुई।

उपशामक उपचार में मरीजों के भावनात्मक और शारीरिक दु:ख-दर्द को कम करने और उस दु:ख-दर्द का निवारण करने पर ध्यान दिया जाता है। जहाँ तक मरने की प्रक्रिया को आसान बनाने का संबंध है, इससे न केवल रोगियों, बल्कि गंभीर या पुरानी बीमारी झेलनेवाले परिवारों के लिए भी जीवन की गुणवत्ता काफी सुधर जाती है। उपशामक उपचार में संलग्न डॉक्टरों का कहना है कि इससे पारंपरिक औषधीय उपचार की उपयोगिता भी उन्नत हो सकती है तथा जीवनकाल में वृद्धि हो सकती है।

संभवत: यही दादी जानकी के साथ हुआ है। उनका अधिकतर जीवन खराब सेहत के कारण कष्ट में बीता, लेकिन इस पुस्तक के लिखने तक, लगभग सौ के बाद भी उनकी सक्रियता में कोई कमी नहीं आई है। मरने के बारे में उनको किसी प्रकार की कोई चिंता नहीं है।

जब हम अपना जीवन भली-भाँति जी चुके होते हैं, तो वे कहती हैं, हमारी मृत्यु सरल हो जाती है। मैंने उस एक परमेश्वर से जुड़ना और अपने मन को परे रखकर सुरक्षा का आनंद लेना सीख लिया। मेरे हृदय में और कोई नहीं है उसके सिवा, मैं पूर्णत: मुक्त हूँ। मेरे जाने के बाद और बहुत लोग हैं देख-रेख करने के लिए। यदि हम समय का सदुपयोग करते हैं, ईश्वर से प्राप्त करके और दूसरों के साथ खुशी एवं सच्चाई बाँटकर समय व्यतीत करते हैं, तो अंत में सुख-ही-सुख होगा।

समय घर लौटने का

मानवजाति अगर इस ग्रह तथा इस पर बसे लोगों की चिंता करने हेतु एक 'उपशामक' दृष्टिकोण अपना ले, यह स्वीकार करते हुए कि इसकी दशा नाजुक

है और अपने आक्रोश तथा इनकार को छोड़ दे, तो संभव है कि रोगी का दुःख-दर्द कम हो जाए और उसका सक्रिय जीवन भी लंबा खिंच जाए।

फिर भी हमें समझना चाहिए कि उन बहुत थके हुए बच्चों के समान, जो भरी गरमी में शाम के समय घंटों खेलते रहे हैं और सुनना नहीं चाहते कि सोने का समय हो गया है, हम भी घर लौटने के लिए परमात्मा से आए बुलावे का प्रतिरोध महसूस करते हैं। हमें समझना चाहिए कि हमारी लंबी यात्रा ने हमें अज्ञान की किन गहराइयों में पहुँचा दिया है। हमें इस भौतिक जगत् के गर्द-गुबार, धूल-मिट्टी से अपने लगाव को समाप्त करना है; लेकिन यह तभी हो सकता है, जब हमें ज्ञान हो कि अपने विश्राम के बाद हमें एक और लंबी तथा शानदार जीवन-यात्रा के लिए लौटना होगा।

दादी जानकी का कहना है—

> हालात बदलने जा रहे हैं। विश्व का कायाकल्प होगा। हमारा काम ईश्वर के प्रेम में डूबी, एक अशरीरी आत्मा होने की चेतनता में बने रहना है।
>
> मैंने ईश्वर को अपना मित्र बना लिया और अब वह मेरे जीवन में निरंतर मेरे साथ रहता है। इस भावना ने मुझे शुद्ध कर दिया है तथा मुझे अपने कर्मों में ईमानदार रहने की शक्ति दी है। मुझे इससे बहुत सुख मिला है।
>
> हमें तो बस उसे प्राप्त करना है। यदि हम सीधे-सरल एवं निष्कपट बने रहते हैं, तो हमें सबकुछ मिलेगा, जो भी हमें चाहिए। बहुत सी परिस्थितियाँ हमारे सामने आएँगी, लेकिन जब हम स्थिर और अंतर्मुखी हो जाते हैं, हम घटनाओं से सीख सकते हैं और सुस्थिर हो सकते हैं। मन शांत हो जाता है और तन शीतल एवं सौम्य।
>
> शुद्ध सकारात्मक विचारों से हमें शांति मिलती है। देह-सजग इच्छाओं से उत्पन्न विचार अशांति एवं विकलता लाते हैं। यह कितनी सीधी-सादी बात है।
>
> जब हमारे विचार इतने सशक्त हो जाते हैं कि लोग और परिस्थितियाँ हमें प्रभावित न कर सकें, ईश्वर हमारे साथ मौजूद रहता है और हम कभी पराजित नहीं होंगे। फिर हम हर एक के साथ शांति और प्रेम से परस्पर व्यवहार कर सकते हैं। मैं समझती हूँ कि मेरे जीवन का एक ही आधार रहा है, कल जो हुआ या एक क्षण पहले हुए को याद न रखना। मुझे केवल

उसके बारे में सोचना होता है, जो मुझे अभी करना है।

अपनी भूलों या दूसरों की गलतियों को याद न रखें। सच्चे बनें और विश्वास करना सीखें। फिर ईश्वर के सखा के रूप में आप इस तन और इस थके-माँदे दकियानूसी संसार के प्रति अपनी आभ्यासिक आसक्ति समेत अपनी सभी पुरानी आदतों को छोड़ सकेंगे। आपको महसूस होगा कि आप एक खूबसूरत जीवन, एक शाश्वत जीवन जी रहे हैं। आपको सृष्टि की सुंदरता और चिरंतनता के अंदर अपनी भूमिका का ज्ञान हो जाएगा।

□

15

एक देवदूत बनना

'चल उड़ जा रे पंछी
कि अब यह देश हुआ बेगाना!'

दादी जानकी का पूरा जीवन ऐसे अध्ययन और अभ्यास को समर्पित रहा है, जो किसी भी व्यक्ति को उन्नत कर सकता है। वरिष्ठ या श्रेष्ठ होने के अर्थ में नहीं, बल्कि सेवा करने योग्य होने के अर्थ में, जब हम ईश्वर से सहारा लेते हैं, जो वह हमें खुशी से देता है, हम न केवल यह महसूस करते हैं कि 'मैं ईश्वर की हूँ', बल्कि यह भी कि 'ईश्वर मेरा है'। दादी कहती हैं, ''परमात्मा आपकी तरफ हो, यह कोई मामूली बात नहीं है।'' इसका तात्पर्य है कि हम लोगों तथा हालात के प्रति भावनात्मक रूप से प्रतिक्रियात्मक होने से ऊपर उठने की क्षमता रखते हैं। परिणामस्वरूप हम समाधान खोजने की पहल करने में सक्रियता को बढ़ावा देने या सृजनशील होने की क्षमता रखते हैं। इस समय की यही विशेष आवश्यकता होती है।

ब्रह्म कुमारियों के विचार में, जैसे-जैसे समय का बदलना जारी रहता है, मानवजाति एक बार पुनः उस शुद्ध, स्वर्णयुगीन संसार का अनुभव करेगी, जिसके साथ समयचक्र आरंभ हुआ था। फिर समाधानों की माँग करने में कोई समस्या नहीं होगी।

तथापि इस समय देवदूतों की मौजूदगी की अत्यधिक आवश्यकता है। ईसाई धर्म-परंपरा में देवदूतों अर्थात् फरिश्तों को ईश्वर से एक उपहार के रूप में

उचित ही याद किया गया है। उन्हें आम तौर पर ईश्वर द्वारा भेजा गया या ईश्वर से उद्‌भूत संदेशवाहक या पथ-प्रदर्शक माना जाता है, जो संकटकाल में मानवजाति की मदद करने आता है।

देवदूतों के विषय में सोच-विचार करने का एक और तरीका है, जिसमें यह समझ भी शामिल है कि ईश्वर की सहायता से, हम सब इनसान देह और भौतिक लोक के आकर्षण से इतने मुक्त हो सकते हैं कि दूसरों का उत्थान करने के लिए स्वयं पूर्णतया अर्पित कर सकें। जब आत्मा अपने प्रकाश के सूक्ष्म रूप, संपूर्ण समाविष्ट रूप के 'ब्लूप्रिंट' से गहराई में अवगत हो जाती है, यह मानसिक रूप से दूसरों के लिए इस प्रकार विद्यमान हो सकती है, जो सामान्य भौतिक नियमों से बढ़कर होता है।

देवदूत हालाँकि ऊपर रहते हैं, फिर भी वे संसार से संपर्क बनाए रखते हैं। वे अलग-थलग रहनेवाले, नहीं हैं, किंतु उन्हें परमात्मा से इतनी अधिक शक्ति प्राप्त करनी है कि वे उस चिंता, भय और शोक से अनछुए रहते हैं, जो उन लोगों को सताता है, जिनकी चेतना भौतिक पदार्थ में फँसी होती है। उनकी मुक्त अवस्था उन्हें समाधान का हिस्सा 'होने' देती है, वे दूसरों के मन और हृदय को उदासी एवं निराशा से निकलने का मार्ग दिखाने में मदद करते हैं।

हृदय की पूर्णता और अपनी बुद्धि में दिव्यज्ञान के माध्यम से देवदूत घटनाओं पर एक पवित्र दृष्टिकोण व्यक्त करते हैं। जैसा कि हमने देखा है, हमारे अंदर सर्वोच्च के विषय में ईश्वर-दृष्टि सीधे तौर पर भौतिक जगत् को भी प्रभावित करती है। जब हम प्रेम के लिए अपने मन-कपाट खुले छोड़ देते हैं, आभ्यासिक नकारात्मक विचारों को निकल जाने देते हैं, हम अपनी प्रेममय प्रकृति उसके पूर्ण निखार के साथ पुनः प्राप्त कर लेते हैं और उसका दोनों प्रकार से असर पड़ता है, स्पंदन के रूप में तथा हमारे कर्मों के द्वारा।

हमारा देवत्व संबंधी ज्ञान

मेरे अपने जीवन में यह जो कुछ हुआ है और जिस तरह हुआ है, उस अशरीरी निराकार, ईश्वर को पूर्णतया जानने-समझने तथा प्रेम करने और शरीर से तथा सभी शारीरिक संबंधों की तरफ से 'मर जाने' के फलस्वरूप हुआ है। इसके लिए सच्चाई और साहस चाहिए था। इसका फल मुझे बहुत अच्छा मिला। ईश्वर ने मुझे ब्रह्म कुमारियों को उस जगह पहुँचाने योग्य बनाया, जहाँ वे आज विश्व भर में मौजूद हैं।

इस सीमा तक स्वतंत्र होने के लिए हमें इस हद तक मरना होता है कि हमारे पुराने अस्तित्व का एक अंश भी न रहने पाए। यह ठीक वैसा ही है, जैसे अंत्येष्टि-संस्कार के बाद बची राख को भी जमीन या पानी में बिखेर दिया जाता है, ताकि सगे-संबंधियों और दिवंगत के बीच किसी प्रकार का कोई लगाव शेष न रहे।

यह सच है कि ईश्वर-प्रेम की शिक्षा मैंने एक इनसान ब्रह्माबाबा से पाई, लेकिन ब्रह्माबाबा उस परमात्मा की उपस्थिति का शक्तिपूर्ण आह्वान करने में इतने समर्थ थे कि उन्होंने हमें उस दूर बैठे परम शक्तिमान को जानना एवं प्रेम करना सिखाया। यह ईश्वर में विश्वास करने की बात नहीं है, अपितु ईश्वर के संबंध में स्वयं को जानने और अनुभव करने का विषय है।

ब्रह्माबाबा ने संपूर्ण बनने के लिए ईश्वर को अपना तन, मन और धन, सबकुछ समर्पित कर दिया; वे चाहते थे, परमात्मा उनको माध्यम बनाकर अपना काम कराए। उनकी एक अद्वितीय भूमिका थी। ईश्वर ने उन्हें परिपूर्णता (पूर्णात्मा) का अपना मौलिक रूप दिखाया, जिसके पश्चात् उन्होंने अपना शेष जीवन उस मौलिक सुंदरता को अपने अंदर पुनः स्थापित करने हेतु समर्पित कर दिया। उन्होंने यह लक्ष्य पूरी तरह हासिल कर लिया, इस सीमा तक कि सन् 1969 में अपना शरीर त्यागने के बाद भी उनका प्रकाश-पिंड सेवादान करने में लगा रहा। आध्यात्मिक विश्वविद्यालय धराशायी नहीं हुआ, बल्कि मजबूती से आगे बढ़ता गया। शुचिता और योग की शक्तियों ने इसके विस्तार को बल दिया, न केवल भारत के अंदर, बल्कि विश्व भर में।

जब हम समझ चुके हैं कि हम वास्तव में प्रेममय प्राणी हैं और यह भी कि हमारे द्वारा प्राप्त की गई अन्य प्रवृत्तियाँ हमारे संबंध में सच्चाई की विकृतियाँ हैं, कि हम ईश्वर के अधीन, आत्माओं के परिवार का एक हिस्सा हैं, वह ईश्वर जो चिरंतन रूप से उस सत्य की ऊर्जा से भरा रहता है, जिसे हमने खो दिया है और यह कि उस सत्य को पुनः प्राप्त करने का यही समय है। जब हम अपने हृदय में महसूस करते हैं कि यही है, जो हम हैं और हम जिसके हैं तथा हम जिसे अपने जीवन में अब पुनः प्राप्त करने की इच्छा रखते हैं, ऐसा प्रतीत होता है, मानो यह पहले ही हो चुका हो। तथापि यह एक विचार या एक समझ से कहीं अधिक होना चाहिए। इसे गहराई से महसूस किया जाना जरूरी है, क्योंकि अनुभव ही परिवर्तन है।

बिना प्रयास के, जब हम बार-बार अपने देवत्व की जानकारी में लौटते

हैं, यह हमारे जीवन में पुन: प्रवेश कर जाता है। याद करते रहना और फिर से भुलावे में न चले जाना ही एकमात्र प्रयास है।

सोच-विचार कम, प्रेम अधिक

'स्मरण' का यह अभ्यास और योग का अत्यधिक प्रभावशाली अनुभव, जो इससे बढ़ता है, न केवल शारीरिक मस्तिष्क, बल्कि उस सूक्ष्म ऊर्जा क्षेत्र को भी बदल देता है, जिसके अंदर हम रहते हैं, जो एक ऐसा क्षेत्र है, जिसका फैलाव मस्तिष्क के बहुत आगे तक जाता है। इस प्रकार अन्य आत्माएँ बहुत दूर से प्रकाश ग्रहण करती हैं। वास्तव में, यह एक अन्योन्य अर्थात् पारस्परिक प्रभाव है। हम अपनी चेतना को जितना कम बुद्धि आधारित होने देते हैं, हमारा मन उतना ही अधिक व्यापक और दिव्य हो जाता है। हम जितना कम सोचते हैं, उतना ही अधिक हम प्रेम करते हैं।

इसका अर्थ यह नहीं है कि हम बेदिमाग या मूर्ख हो जाते हैं। वस्तुत: यह स्थिति ऐसी होती है, जैसे स्मरण-बुद्धि से काम करनेवाले तारों को नए कार्य-क्रमानुसार पुन: जोड़ रहा हो, ताकि यह हमारे अस्तित्व के उच्चतर उद्देश्यों को पूरा कर सके। स्मरण काया, मन, आत्मा और परमात्मा के बीच एक सेतु बनाने का काम करता है।

प्रेम जब हमारे अस्तित्व के हर पहलू का नवीकरण करता है, ऐसा लगता है, मानो ईश्वरीय उद्देश्य हमारे क्रियाकलापों को प्रेरित करता है, न कि दैहिक चेतना से संबद्ध संकीर्ण स्वार्थ को। कार्य करते हुए और दूसरों से संपर्क करते समय हम आध्यात्मिक तथा प्रेमपूर्ण भावनाएँ रखते हैं। फिर ऐसा नहीं लगता है, जैसे हम कुछ कर रहे हैं, बल्कि कुछ-कुछ ऐसा महसूस होता है कि ईश्वर का प्रेम ही सबकुछ करा रहा है।

दूसरों के प्रति दायित्व या बंधन की किसी भावना से हम जितने अधिक मुक्त रहते हैं, उतनी अधिक यह भावना मन में आती है कि परमपिता ने हमें अपने प्रेम के बंधन में इतनी मजबूती से बाँध दिया है कि अलग होने की अब कोई गुंजाइश ही नहीं है। वही हमें बताता है कि हमें क्या करना चाहिए और जब वह हमारा सखा बनकर हमारे साथ रहता है, हमारी भूमिकाएँ सहज ही तथा स्वत: प्रकट होने लगती हैं।

नकारात्मक प्रवृत्तियों को हटाना

अहं हमेशा शंका, चिंता व्यक्त करता रहता है, अचंभित रहता है और प्रतीक्षा करता रहता है। जब हम इसे त्याग देते हैं और आत्मा में शक्ति का संचय करने पर पूरा ध्यान देने लगते हैं, तब जो कुछ भी हो रहा होता है, हम उसमें हित तलाश लेते हैं। आत्मा स्वयं उन नकारात्मक प्रवृत्तियों को धीरे-धीरे छोड़ देती है, जो विगत में उसे बहुत कष्ट देती रही हैं।

दादी बार-बार अपने इस कथन को दोहराती हैं कि हमें रोजाना तीन गोलियाँ लेनी चाहिए—धैर्य, शांति और प्रेम की गोली।

> इन बातों को दिल और दिमाग में रखकर आप स्वस्थ बने रहेंगे और हर काम करना सरल हो जाएगा। सबसे पहले अपने दिल में झाँकें और फिर अपने दिमाग में तथा उसके बाद काम करें, ताकि आप उन भावनाओं के संपर्क में आ सकें। इस प्रकार के रहन-सहन की खूबसूरती यह है कि इस भौतिक जगत् से अपने लगाव एवं इच्छाओं से हम जितना दूर रहेंगे, अपने हृदय की गहनतम इच्छाओं के अनुसार जीने के लिए हम उतने ही अधिक मुक्त हो जाएँगे। हम बिना शर्त प्रेम करने हेतु मुक्त हो जाते हैं। हम भय, चिंता और दु:ख से मुक्त हो जाते हैं। हम मन और इंद्रियजन्य भावनाओं से मुक्त हो जाते हैं और ईश्वर के गले में पड़ी माला बन जाते हैं, सभी प्रकार की इच्छाओं से मुक्त।
>
> देवदूत धैर्यवान, विनम्र और मधुर होते हैं। उनके पास एक गरम जोशीला हृदय और एक शीतल मन होता है। हृदय में जोश भर जाता है, जब प्रेम होता है और मन शांत हो जाता है, जब यह प्रेम की खोज में चारों ओर भटकना बंद कर देता है।
>
> यदि आप अपने हृदय को जोशीला और मन को शीतल बनाना चाहते हैं, अपना हाथ अपने हृदय पर रखें और सोचें कि आप कितने भाग्यशाली हैं, आप ईश्वर को जानते हैं। मन कुछ भी कहनेवाला नहीं है।
>
> विश्व में प्रेम की कमी के कारण लोगों के बीच अनेक अवरोध उत्पन्न हो गए हैं। वर्ण, भाषा, धर्म-हैसियत आदि को लेकर अत्यधिक भेदभाव है। जिसके फलस्वरूप लड़ाई, झगड़े और अनावश्यक विवाद रोजाना की बात हो गई है। इसके कारण हृदय को बहुत ठेस लगी है और मन को भारी दु:ख हुआ है।

साथ मिलकर काम करना

हम परिवर्तन अथवा बदलाव देखना चाहते हैं, मगर अपने बूते पर हम दुनिया को बदल नहीं सकते। हमें एकजुट होकर काम करना है। जब योगी के रूप में हम परमात्मा को अपने जीवन में अपना सखा बनाकर रखते हैं, तब हम उन दृश्यों, घटनाओं के अपने निकट नहीं आने देते हैं, जो इधर-उधर भटकाने के लिए हमें खींचने का प्रयास करती हैं। एक सकारात्मक दृष्टिकोण रखते हुए अनासक्त हो जाते हैं। हमारे समक्ष जीवन का महान् नाटक चल रहा होता है और हम उस नाटक के मात्र प्रेक्षक बने रहते हैं।

हमें स्वयं को किसी कोने में छिपाने की आवश्यकता नहीं है, अपितु हमें स्वाभाविक और सहज रूप से दूसरों के साथ जुड़ने, संबंध बनाने के लिए आगे आना चाहिए, क्योंकि हमारे पास ईश्वर का प्रेम और ज्ञान है, जो हर कदम पर हमारा पथ-प्रदर्शन करता है। दूसरे लोगों के सद्‌गुणों को देखना और उनके दोषों के प्रति अनभिज्ञ बने रहना हमारे लिए आसान हो जाता है। इस शक्ति से उन्हें भी लाभ होता है और जब हम स्वयं को सद्‌भावनापूर्वक साथ मिलकर काम करते हुए पाते हैं, हमें उससे बहुत आनंद प्राप्त होता है।

देवदूतों का जब दूसरों के साथ काम पूरा हो जाता है, वे उड़कर दूर चले जाते हैं। वे अहं और आसक्ति से मुक्त रहते हैं। जहाँ शुद्धता होती है, वहाँ शांति होती है और जहाँ शांति होती है, वहाँ प्रेम होता है। जहाँ प्रेम है, वहाँ खुशी है और जहाँ खुशी है, वहाँ शक्ति है। अपने हृदय और मन में झाँककर देखें कि किस हद तक ये गुण आप में विद्यमान हैं।

स्पंदन और क्रियाकलाप इन लाभों को प्रेषित करते हैं। हमारे आंदोलन के आरंभिक काल में, बहुत लोगों को ब्रह्माबाबा के प्रकाश रूपी दिव्यस्वरूप के दर्शन हुए। जैसे-जैसे समय बीतता है और योगी जीवनशैली का अभ्यास करनेवाले जितने अधिक-से-अधिक लोग अस्तित्व की इस शुद्ध अवस्था को प्राप्त करने में सफल होते हैं, विश्व भर में लोगों को उतने ही अधिक देवदूतों की मौजूदगी का बोध होगा, जो उन्हें दैहिक चेतना से संबद्ध दुःख एवं कष्ट को भूल जाने और अपने ही प्रकाश स्वरूप का अनुभव करने में मदद के लिए आए होते हैं। ऐसे अनुभव आनेवाले विश्वव्यापी परिवर्तन को सरल एवं संभव बनाने में बड़ी महत्त्वपूर्ण भूमिका निभाएँगे।

क्या आप इस कार्य में सहयोग करना चाहेंगे? यह निर्णय आपको करना

है। यह बात आपके संज्ञान में रहनी चाहिए, ''मुझे एक देवदूत बनना है।'' यह अभी होना चाहिए, इस तरह कि आप एक लंबा समय बीतने पर भय तथा विद्वेष से मुक्त हो जाएँ और आध्यात्मिक शक्ति संचित कर सकें। यदि आपका विचार पक्का और स्पष्ट है कि आप यही चाहते हैं, तो ईश्वर इस कार्य में आपकी मदद करेगा। तथापि यह काम तभी पूरा होगा, जब आप स्वयं को वास्तव में पूरी तरह ईश्वर को समर्पित कर दें, एक संकल्प में मानव इच्छाओं को मिलाकर, चूर्ण बनाकर खाने से कुछ भी प्राप्त नहीं होगा।

□□□